CORRIGÉ

DES

EXERCICES RAISONNÉS.

Tout exemplaire non revêtu de la signature de l'auteur sera considéré comme contrefait, et tout contrefacteur ou débitant de contrefaçons sera poursuivi selon la rigueur de la loi.

Paris. — Imprimerie de Ch. Lahure et Cie, rue de Fleurus, 9.

CORRIGÉ

DES

EXERCICES RAISONNÉS

SUR L'ORTHOGRAPHE,

PAR BONNEAU,

AUTEUR DE LA GRAMMAIRE SELON L'ACADÉMIE, ETC., ETC.

Prix, cartonné, 1 fr. 25 c.

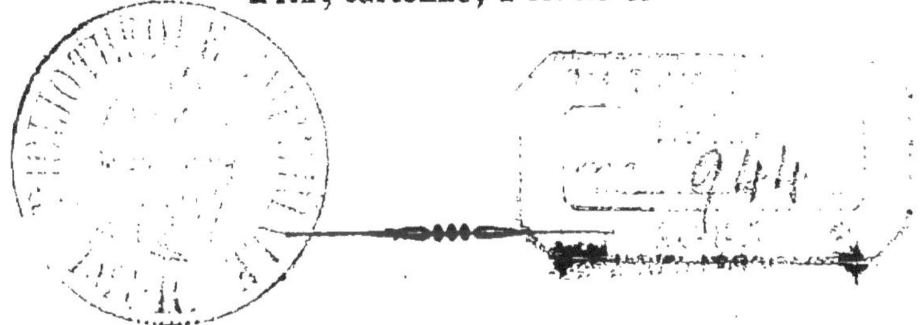

PARIS,

CHEZ L'AUTEUR, PLACE DU PALAIS-BOURBON, 3;
L. GOETZ, SON DÉPOSITAIRE, RUE D'ANJOU-DAUPHINE, 9;
DELALAIN, RUE DES MATHURINS-SAINT-JACQUES, 5;
HACHETTE ET Cie, BOULEVARD SAINT-GERMAIN, 77;
EUGÈNE BELIN, RUE DE VAUGIRARD, 52;
PÉRISSE FRÈRES, GRANDE RUE MERCIÈRE, 35, A LYON.

1865.

OUVRAGES DU MÊME AUTEUR.

LA GRAMMAIRE SELON L'ACADÉMIE, revue par M. MICHAUD, membre de l'Académie française; *ouvrage adopté comme livre classique*, et autorisé pour l'usage des colléges. In-12, 34e édition.......................... *Cart.*, 1 fr. 50 c.

EXERCICES FRANÇAIS, calqués sur les principes de la *Grammaire selon l'Académie*. In-12, 28e édition. *Cart.*, 1 fr. 50 c.

CORRIGÉ DES EXERCICES FRANÇAIS. In-12.... *Cart.*, 2 fr. »

ANALYSE grammaticale raisonnée, où sont développées toutes les règles de la grammaire. Ouvrage refondu et mis en rapport avec la *Grammaire selon l'Académie*. 15e édition...... 1 fr. 25 c.

L'ANALYSE LOGIQUE dégagée de ses entraves et ramenée à la vérité. 14e édition. In-12................ *Cart.*, 1 fr. 50 c.

ABRÉGÉ de la *Grammaire selon l'Académie*, ouvrage adopté par le Conseil de l'Instruction publique. 34e édition.. *Cart.*, 90 c.

EXERCICES RAISONNÉS SUR L'ORTHOGRAPHE, mis en rapport avec l'*Abrégé* de la Grammaire selon l'Académie. In-12, 32e édition............................... *Cart.*, 90 c.

CORRIGÉ des *Exercices raisonnés sur l'orthographe*. 1 fr. 25 c.

LA GRAMMAIRE réduite à sa plus simple expression, et MÉTHODE PRATIQUE, à l'usage des classes nombreuses. 2 volumes in-12; 22e édition. Prix des deux parties............... 1 fr. 25 c.
Prix de la *Grammaire* seule................. 1 fr. »

EXERCICES ORTHOGRAPHIQUES appropriés à l'intelligence du premier âge. 24e édition...................... 1 fr. 25 c.

CORRIGÉ des *Exercices orthographiques* .... 1 fr. 50 c.

LES PARTICIPES PASSÉS réduits à deux règles qui ne souffrent *pas une seule exception*. 8e édition.............. 1 fr. 25 c.

LES PARTICIPES PRÉSENTS. Nouvelle théorie où ressortent l'insuffisance et le peu de solidité des règles qui jusqu'ici ont régi cette matière. 2e édition................ *Cart.*, 1 fr. 50 c.

RÉCRÉATIONS GRAMMATICALES ou les 190 Barbarismes de la Grammaire de M. Chapsal. 2e édition................. 30 c.

LA TENUE DES LIVRES EN PARTIE DOUBLE, à l'usage des maisons d'éducation, se composant: 1° d'une brochure in-8 exposant les principes; 2° et de trois registres distincts, savoir: *Brouillard*, *Journal* et *Grand-Livre*, parfaitement gravés et formant à la pratique. 5e édition. *Franco*............. 3 fr.

CORRIGÉ
DES
EXERCICES RAISONNÉS.

Exercices sur le NOM.

1re LEÇON. — Le numéro 26 de ma grammaire (1) m'apprend à connaître les noms communs et les noms propres ; et j'ai remarqué que les noms propres commencent par une grande lettre, comme dans le mot *Paris;* j'écrirai donc ainsi une maison, Lyon, une ville, un livre, un arbre, la France, la Russie, le père, la mère, Voltaire, Rousseau. J'ai lu aux numéros 34 et 35 que les noms au pluriel finissent par *s* et quelquefois par *x.* J'écrirai donc ainsi les noms suivants : les livres du maître, le devoir des enfants, le chapeau, les manteaux, le jeu, mon cousin et mes neveux, les tonneaux, du gâteau, le temps des fruits, le chant des oiseaux, une boucle de cheveux; les armées de la France, les maisons de Paris, la vivacité des Français, les montagnes de la Suisse, Pierre et Paul sont mes amis, les environs de Rome. Que de chevaux, que de bœufs, que de moutons ne voit-on pas dans ces plaines! Quand j'écris au singulier le bras, la voix, le fils, une croix, voici comment feront ces quatre

(1) Ces Exercices sont mis en rapport avec l'*Abrégé de la grammaire selon l'Académie*, dont toutes les règles sont numérotées. Ce sont les numéros de ces règles, qui figurent dans ces Exercices : les élèves devront donc toujours consulter la règle qui leur est indiquée par ces numéros.

noms au pluriel : les bras, les voix, les fils, les croix. Un panier de pêches, un sac de pommes, un tonneau de vin, un boisseau de haricots.

2e LEÇON. — Je sais que le pluriel se termine par *x* dans les noms en *aux* : les *manteaux*, les *chapeaux*. Mais ces noms finissent-ils toujours par les quatre lettres *eaux* ? Non, la lettre *e* disparaît quelquefois : en consultant la règle portant le numéro 36, j'écrirai sans faire de fautes les noms suivants : les journaux, les chapeaux, les maréchaux, les marteaux, les canaux, les chevaux, des généraux, les boisseaux, les amiraux, les couteaux, les cristaux, les râteaux, les anneaux, les travaux, les tonneaux, les caporaux. Le soupirail fait au pluriel les soupiraux, un filou, des filous ; le travail, les travaux ; le régal, les régals ; le caillou, les cailloux ; le bail, le bocal, font les baux, les bocaux ; le hibou, les hiboux ; le gouvernail, les gouvernails ; le trou, les trous ; le portail, les portails ; le corail, les coraux ; le clou, les clous ; le chou, les choux ; un éventail, des éventails ; un piédestal, des piédestaux ; l'émail, les émaux ; un genou, des genoux ; un épouvantail des épouvantails ; un bijou, des bijoux ; les plaines de la Champagne, les mines du Pérou.

3e LEÇON. — Les vœux d'une mère pour ses enfants, les ennemis de ma patrie, les eaux de la Seine, les généraux de notre armée, les bateaux de ces pêcheurs, les dentelles d'Angleterre, le cours des fleuves, la beauté de la nature, les vaisseaux de cette nation, les jeux de l'enfance. Le numéro 40 est relatif aux noms terminés par *ant* ou *ent*, comme les instruments, les instants, les moments, les parents, les savants. Voici le cas d'appliquer l'apostrophe : l'agilité des enfants, une lame de couteau ; il a l'âme généreuse, l'histoire de Napoléon, l'agrément de la campagne. L'activité et l'attention sont des qualités bien précieuses pour l'étude. De jolis cheveux, de beaux yeux, des cardinaux, des ruisseaux, des chapeaux. De l'ail, le ciel, un œil, font au pluriel des ails *ou* des aulx, les cieux, des yeux. Ce fromage a des yeux. Mon grand-père et ma grand'mère sont mes aïeuls. Les tableaux de ce peintre sont estimés, les chevaux arabes sont pleins de feu, la valeur de ces bijoux, le froid de l'hiver, les chaleurs de l'été. Alexandre, César et Napoléon sont trois grands capitaines.

---

*Exercices sur l'*ADJECTIF.

4e LEÇON. — Le numéro 60 est d'une très-grande importance ; il m'apprend à écrire correctement les adjectifs étroit, petit, joli, soumis, instruit, rond, méchant, prudent, voisin, prochain, exquis, poli, profond, plat, complet, gris, long, fort, intéressant, etc. Il fait un temps humide et malsain. Cette maison est malsaine. Le numéro 57 me rappelle encore un principe tout aussi important que le précédent ; en voici l'application : cet enfant est gai, soumis et instruit pour son âge ; ses sœurs ne sont ni aussi gaies, ni aussi soumises, ni aussi instruites. Ces pommes ne sont pas mûres. Voilà de grands et forts chevaux. Ces jeunes gens sont polis et prévenants. Une chambre mal éclairée, une nuit obscure, des plaines dévastées, un chapeau rond, de la soie noire, les vastes déserts de l'Afrique, des rideaux blancs, une nuée de corbeaux, cet appartement se compose de deux chambres un peu obscures, d'un salon étroit, et de deux petits cabinets ; toutes les jeunes personnes qui composent cette division sont zélées et animées d'une noble émulation, aussi sont-elles estimées et aimées de tout le monde.

5e LEÇON. — Les adjectifs dont la finale se prononce *eux*, comme dans *heureux*, *boiteux*, prennent tous un *x* au singulier et au pluriel: le vice est honteux, ces pauvres gens sont bien malheureux, un temps chaud, orageux, incertain, deux journées chaudes, orageuses, incertaines. Un prince belliqueux et entreprenant, des fruits mûrs, excellents, un mets recherché, délicat, un animal laid, une jolie ville, des animaux utiles, un couteau pointu. L'Angleterre a longtemps été la reine des mers. Sous Napoléon, la France a commandé à toute l'Europe. Des arbres verts, une table bien servie, une armée aguerrie, un vin délicieux, un auteur fécond, un style harmonieux, un pays plat, une campagne bien cultivée. Il vient à midi précis; toutes ces petites filles avaient une mise recherchée. Il a les doigts courts et gros, les cheveux gris, le nez long, les yeux petits, le menton rond, le front plat, les oreilles longues et écartées de la tête, la poitrine rentrée, les jambes torses et les pieds d'une grosseur démesurée. Dans les pays chauds comme l'Afrique, les chameaux résistent mieux à la fatigue que les chevaux.

6e LEÇON. — Le numéro 52 nous apprend quels sont les adjectifs dont la dernière lettre se double. Il y en aura quelques-uns dans les phrases suivantes, et je vais tâcher de les bien écrire. La ville proprement dite est assez belle, mais les faubourgs sont mal bâtis, sales, vilains. Ces soldats sont braves, audacieux, intrépides, et leurs généraux sont vaillants et expérimentés. Quelle belle église! quelle jolie maison! Tels sont mes travaux habituels, telles sont mes occupations actuelles. Cet enfant est léger, cet autre est pesant. Cette petite fille est mignonne et gaie, son frère est gros et sournois; la première est vive et spirituelle, l'autre est lourd et sot; l'une est bonne et jolie, l'autre est méchant et laid ; la sœur a les traits fins et réguliers, et le frère les a gros et difformes. Des arbres verts, des fruits pourris, des chambres obscures, étroites, mal aérées. Tous ces lieux sont charmants ; de tous côtés on y voit des bosquets touffus, des arbres d'espèces variées, un gazon frais et parsemé de mille fleurs de couleurs diverses.

7e LEÇON. — Le féminin des adjectifs terminés en *el* prend deux *l* comme dans cet exemple : des *pluies continuelles*. Il n'en est pas de même des adjectifs en *al* dont le féminin, sans exception, se termine par *ale :* la *garde nationale.* J'écrirai donc, telles sont mes principales occupations, les montagnes élevées sont couvertes d'une neige éternelle. Quelle cruelle épreuve, votre ami a sur ce point des connaissances spéciales, étendues. Ces journaux sont bien rédigés, instructifs, intéressants ; toutes les journées de l'été ne sont pas belles, et les chaleurs ne sont pas égales dans tous les endroits de la terre. Ces chambres sont tapissées et meublées avec un goût exquis : sa cave est remplie de tonneaux pleins d'excellent vin. Est-il correct d'écrire ainsi un chef rebelle, un serviteur fidèle ? Voyez à cet égard le numéro 53. Écrivez au féminin les adjectifs secret, inquiet, sujet, net, complet, muet, fluet, replet. Une cruelle agonie, une expression originale, du vin vieux et naturel, un cheval gris et vigoureux. De tous les adjectifs qui se prononcent *eux*, *bleu* est le seul qui s'écrive sans *x* ; il ne prend pas même cette lettre au pluriel : un habit bleu, des yeux bleus, une robe bleue. Il ariva à midi précis, à une heure précise.

8e LEÇON. — Un fonctionnaire public, des cheveux roux, une barbe rousse, une place publique, le gouvernement turc, la nation grecque, un homme caduc, une

Turque, un Grec, un long discours. La musique fait son occupation favorite; ce petit garçon est le favori de sa mère. Les principaux monuments de cette ville sont beaux et bien conservés. La ville de Lyon et la ville de Marseille sont commerçantes. Saint Pierre est le premier des apôtres; l'église est un lieu saint. Cet appartement n'est pas sain. Si tous les légumes ne sont pas également succulents, ils sont sains et bienfaisants à peu d'exceptions près. Rappelez-vous les noms en *aux*: ces vaisseaux furent jetés sur les côtes. Maintenant les grands amiraux et les maréchaux de France sont égaux en dignité; les Espagnols se drapent dans des manteaux. Les oiseaux, les plantes, les végétaux, les fruits, les animaux du nouveau monde sont différents des nôtres. C'est un homme vain, orgueilleux, sot, présomptueux. Mes neveux sont les premiers de leur division. Le bruit confus et tumultueux des voitures.

9e LEÇON. — N'oubliez pas la règle des adjectifs en *el* ou en *cil*, ni la manière dont se forme le féminin des adjectifs en *al*: du reste, les exemples suivants vous fourniront le cas de les écrire conformément aux principes. On a fait de nouveaux essais, de nouvelles expériences qui ont été très-satisfaisantes. De l'eau filtrée, une proposition acceptée. Voilà une remarque essentielle; la langue française est à peu près universelle; telles sont ses principales ressources. C'est une personne fidèle à sa parole, un revenu réel; ces étoffes sont pareilles; toutes ces contrées sont nues, parce qu'il y a peu de terre végétale; aussi n'y voit-on que quelques arbrisseaux à des distances éloignées; on lui rendit un compte fidèle; les hiboux sont des oiseaux de nuit; il n'y a qu'un enfant dénaturé qui se montre rebelle à la volonté de son père. Revenons encore aux adjectifs en *eux*. Ces enfants sont honteux de leur paresse, c'est un travail difficultueux. Quel beau drap bleu! quelle belle, quelle jolie robe bleue! Des habits bleus. Nous avons vu que les quatre noms *ail*, *aïeul*, *ciel*, *œil*, font au pluriel ails ou aulx, aïeux, cieux, yeux. Nous savons que l'on dit les *aïeuls* pour signifier le grand-père et la grand'mère, et que les *aïeux* se disent de ceux qui ont vécu dans les siècles passés. L'Académie ne dit pas ce fromage a *des œils*, mais bien ce fromage a des yeux.

10e LEÇON. — Avant de passer à d'autres règles, nous consacrerons encore quelques leçons à repasser nos premiers principes. Les eaux de la Seine sont moins considérables, moins fortes, moins belles que les eaux de la Loire. La Bourgogne est renommée pour ses vins excellents. Voilà une circonstance fatale, un embarras cruel. Ces bijoux sont précieux; ces clous ne me semblent pas assez forts. Les païens avaient une foule de dieux. Un repas exquis, du vin choisi et des mets délicats. Une opinion fondée sur un raisonnement solide; une nation dévouée à son souverain. Les œuvres complètes de Rousseau, les superbes tragédies de Corneille. Ces hommes sont bons, spirituels, mais un peu indiscrets. Il a l'air fier, la parole dure, le ton hautain, l'abord froid et le regard imposant. L'orage s'annonça par un bruit sourd et lointain, bientôt suivi d'un vent impétueux. Ce fardeau lui causa des peines inouïes. La mer agitée, des journées employées à l'étude, des serviteurs zélés, des pièces composées pour le théâtre. Les deux derniers hivers ont été longs, froids et durs. Des événements subits et imprévus.

11e LEÇON. — Voici trois remarques qui n'ont point été faites dans la grammaire : 1° Les noms en EUR n'ont point d'*e* à la fin : la chaleur, la liqueur, une odeur, et quelques centaines d'autres. 2° Les noms d'arbres fruitiers finissent par les lettres *er :* un oranger, un poirier, un prunier, etc. — 3° On écrit avec un seul *e* les mots *bonté*, *probité*, *agilité*, *éternité*, et une foule d'autres; mais il faut terminer par deux *e* ceux dont la finale est longue : la *soirée*, la *journée*, la *matinée*, etc. Une odeur désagréable, la félicité éternelle, des pommiers de différentes espèces, une grande frayeur. Le frère et la sœur chéris de tous leurs parents. Dans ces lieux, toutes les allées étaient garnies de jolies fleurs de couleurs variées. Le père et le fils sont contents, joyeux, satisfaits, la reine et la princesse adorées, le lion et le tigre méchants, féroces; les bergers et les bergères répandus dans les champs dansent au son des chalumeaux. Votre frère paraît inquiet, soucieux, chagrin et peu occupé de ses travaux habituels. Sont-ils bien sûrs, bien certains de ce qu'ils disent?

12e LEÇON. — Voici l'application générale des principes du nom et de l'adjectif : des monuments élevés à la mémoire des grands hommes, des journaux intéressants, des châteaux forts, des tonneaux vides, des maréchaux ferrants. La plupart des statues des jardins royaux de Paris sont taillées, sont exécutées avec une rare perfection. Des cheveux longs et bouclés, mes neveux sont charmants, de gros genoux, ceci coûte dix sous, des rubans bleus. La candeur et la douceur font le charme des jeunes personnes. L'élève soigneux, des chemins raboteux, des endroits plats. Les figuiers et les oliviers de la Provence, les chaleurs de l'Afrique, les contrées méridionales de la France, le chat et le chien ennemis, une armée fidèle, un domestique infidèle, une rente perpétuelle; ces objets sont pareils. Le frère et la sœur bien élevés, confiants, dociles, charmants. Des fleurs bleues, une parole sacrée, une mère aimée, chérie, adorée de ses enfants, des marchandises prohibées, les hommes créés à l'image de Dieu, le ciel et la terre créés en six jours, des difficultés créées dans la seule vue de nuire. Des rideaux verts, des caveaux souterrains, l'été prochain, les montagnes élevées de la Suisse; un chant sacré et divin, la France et l'Allemagne sont deux pays voisins; l'Amérique et la Chine sont pour nous des pays lointains.

15e LEÇON. — Voici quelques exercices sur les adjectifs démonstratifs et les adjectifs possessifs : cette eau est chaude, cet endroit est joli, cette encre est trop noire, cet homme est adroit, cette étrangère est rusée, ces devoirs sont faciles. La mère était avec ses fils et avec ses filles; le général se porta en avant avec ses officiers et ses soldats. Voyez comme ces arbres sont verts, comme cette fleur est épanouie, comme la nature seule a orné tous ces lieux. Ces messieurs semblent fatigués, ces dames paraissent jolies. Voilà sa maison et ses propriétés. Est-ce que ces propriétés sont à vous? Non; mais ces bois et ces prairies m'appartiennent. Chaque âge a ses plaisirs, chaque homme a ses chagrins. J'ai non-seulement parcouru la ville, mais encore ses faubourgs et ses environs. La nation française a fait ses preuves de bravoure. Un élève soigneux, de larges ruisseaux, de jolis canaux, mon neveu est paresseux, et mes nièces sont vives; ces enfants sont vifs, actifs; le plaisir fugitif, des hommes veufs, une science fugitive; cette femme est veuve, des supérieurs prompts et emportés, des chapeaux ronds, du drap gris et fort, du vin vieux et naturel, le chien fidèle. Que fait votre frère? quelles sont ses principales occupations?

14e LEÇON. — Il y a cinq sortes de pronoms, et l'orthographe de cette espèce de mot est extrêmement facile, par la raison qu'en général les pronoms sont des mots très-courts : celui-ci est léger, celui-là est lourd; de ces deux personnes, celle-ci est spirituelle, gaie, vive, enjouée, cette autre est idiote, triste, lourde et bourrue. Les pronoms possessifs sont *le mien*, *le tien*, *le sien*, dont le féminin fait la mienne, la tienne, la sienne. Ne confondez pas *notre*, *votre*, qui sont des *adjectifs* possessifs, avec *le nôtre*, *le vôtre*, *pronoms* possessifs, qui prennent l'accent circonflexe sur la lettre *ô*. Ces mots sont des pronoms toutes les fois qu'ils sont précédés de l'article : votre maison est mieux située que la nôtre, mais notre jardin est plus grand, plus spacieux que le vôtre. Ce ne sont pas là vos affaires, mais bien les siennes et les miennes. Le mot *leur* demande aussi quelque réflexion : il s'écrit avec *s* dans deux cas : 1° lorsqu'il est ainsi précédé d'un article : *les* leurs, *des* leurs, *aux* leurs; 2° et quand il est avant un nom pluriel : leurs chevaux sont ombrageux et rétifs, les nôtres sont doux et francs; voilà vos plumes et les siennes; quant à celles-ci, ce sont les nôtres et les leurs. Votre ami est chagrin, quelle en est la cause? Voici les miens; quant à ceux-ci, ce sont les tiens.

15e LEÇON. — Ne perdez pas de vue les règles de la leçon précédente; il ne vous faut qu'un peu d'attention pour distinguer *ses* de *ces* : il est sorti avec ses deux fils et ses trois demoiselles. Ces jours-ci, je verrai ces dames et leurs parents, je leur remettrai vos paquets. Les instituteurs sont comme de seconds pères pour leurs élèves, les élèves donc leur doivent amour et respect. Quelle pénible et aussi quelle triste classe que celle dans laquelle ne règne pas le silence! quelles tristes études il s'y fait! Les étrangers auxquels j'ai parlé, les dames auxquelles il s'adressa; des coteaux couverts de vignes, des radeaux construits pour l'armée, les Orientaux habitués à la mollesse, les originaux de ces actes sont égarés, des cheveux blonds et brillants, un joyeux couple, le ciel bleu et pur, des rubans bleus, une cruelle position, une mémoire infidèle, des mets substantiels, une promesse solennelle, l'odeur infecte, une chaleur tempérée, les couleurs nationales, une lettre sentimentale, une fête patronale. Notre jardin et le vôtre sont mal entretenus. Tous leurs petits enfants sont gais, polis, bien élevés. A qui adressez-vous ces fruits et ces lettres? quel est le nom de ces fleurs auxquelles vous donnez tant de soin?

16e LEÇON. — La ville de Lyon est connue pour ses soieries. Voilà les principaux faits de sa vie militaire, les vœux ardents d'une mère pour le bonheur de ses enfants. Avertissez ces enfants que leur maître les attend. Je leur parlerai de leurs amis. Les orangers et les grenadiers réussissent mal dans les pays froids. Trois vaisseaux furent brûlés.

Ces raisins sont-ils mûrs? ces nouvelles sont-elles vraies? leurs bateaux sont-ils arrivés? quelle est la valeur de cet objet, de cette marchandise? Les fruits des contrées septentrionales sont moins suaves, moins succulents, moins parfumés que les fruits des pays méridionaux. Un enfant soumis, instruit, poli. L'oncle et le neveu estimés, chéris, vénérés; la tante et la nièce honorées, respectées.

Les sciences auxquelles vous vous appliquez, les travaux auxquels vous donnez votre temps sont intéressants, il est vrai, mais ils sont bien assujettissants, bien minutieux. Le frère et la sœur éplorés, attristés, désolés. J'ai fait toutes mes commissions, les vôtres et les siennes, les nôtres et les leurs. Tel père, tel fils; telle mère, telle fille. Nous leur donnâmes ce conseil, ces avis.

17e LEÇON. — Rappelons dans cette récapitulation que les noms particuliers de chaque pronom indiquent quelles sont les circonstances dans lesquelles ces pronoms sont applicables. Les pronoms *personnels*, par exemple, remplacent plus particulièrement les personnes. Voici ces pronoms.... Les pronoms *démonstratifs* servent à montrer les personnes ou les objets. Voici ces pronoms.... Les pronoms *possessifs* marquent la possession. Voici ces pronoms.... Les pronoms *relatifs* sont ceux qui ont rapport à des noms qui les précèdent. Et on appelle pronoms indéfinis ceux qui désignent des personnes qu'on ne peut ou qu'on ne veut pas nommer. Voici ces pronoms.... Quelles sont les raisons, quels sont les motifs que vous avez de vous plaindre?

Exercices sur le VERBE.

18e LEÇON. — J'ai froid, tu as chaud, c'est moi qui avais tort, c'est toi qui avais raison, ce sont eux qui avaient cette mission. Je prie Dieu de me donner la sagesse, il nous envoie souvent de ses nouvelles. Mes sœurs étudient, leur maître les corrige. Les officiers commandaient, les soldats obéissaient. Quand nos régiments s'avançaient, les ennemis reculaient. Aussitôt que j'eus cette lettre, je la lui remis. C'est toi qui es dans l'erreur; c'est nous qui eûmes cette fonction à remplir. Cet enfant lit et étudie tous les jours plusieurs heures. Le maître dort et les élèves s'amusent. Les ennemis fuyaient et le vainqueur les poursuivait. Ces chevaux se cabraient lorsque le cocher les retenait. Tout à coup la pluie tomba et les ruisseaux coulèrent avec une telle violence, qu'ils sortirent de leur lit en élargissant leurs rives. Nous prîmes du service, et bientôt nous passâmes dans la garde royale. Lui parlâtes-vous de nos affaires? vous prêta-t-il quelque attention? Si vous le rencontrez, soyez assez bon pour lui dire qu'on l'attend. Dès qu'ils s'aperçurent qu'on les voyait, ils cherchèrent des prétextes pour s'excuser, mais nous ne fûmes pas leurs dupes. Il resta surpris, quand il nous aperçut.

19e LEÇON. — Ils partirent aussitôt qu'ils en reçurent l'ordre, mais ils revinrent dès qu'ils virent que leur présence devenait inutile. Nous causâmes un peu, puis nous sortîmes. Il courut après eux, il les chercha, mais il ne put les rencontrer. A cet aspect, je m'arrêtai et me demandai quelle résolution il convenait que je prisse. Le maître sortit avec ses élèves. Des curieux ne se trouvant plus en sûreté, cherchèrent à fuir, mais il était trop tard; plusieurs d'entre eux succombèrent, plusieurs périrent. Nous avons reconnu cette erreur. Après qu'ils eurent achevé leurs travaux, ils s'en allèrent. Ces dames ont supporté leur malheur avec courage. Tu as fait de vains efforts pour te maintenir dans cette position. Il reçut cette nouvelle, et se hâta de la communiquer à ses amis. Elles demandent leurs frères Charles et Eugène; elles désireraient leur dire un seul mot; elles voudraient leur faire leurs adieux avant leur départ. Tu avais promis de nous écrire et tu n'en as rien fait; quelle raison as-tu donc de nous laisser ainsi dans l'oubli? pourquoi es-tu donc si peu exact? Je pense que je resterai encore ici quelques semaines, après quoi je partirai.

20e LEÇON. — Dans les grandes villes comme Paris, on court des heures entières pour faire quelques visites. Avez-vous vu votre frère? Avec de la persévérance, vous réussirez en tout : les obstacles les plus grands cèdent à une opiniâtreté soutenue. Il est étonnant que vous ayez reçu mes lettres et que les vôtres ne me soient pas parvenues. Si son application se soutient, il se fera remarquer. Dès que tu auras achevé, nous partirons. Toutes les personnes intéressées dans cette affaire auraient consenti à cette proposition, si elle leur avait été faite, et si on leur en eût fait sentir les avantages. Vous auriez réussi sans ce léger obstacle. Croyez-vous qu'ils aient autant de fortune qu'ils prennent plaisir à le faire entendre? Je désire qu'il ait gagné son procès. Quels sont donc leurs revenus, pour qu'ils ne reculent pas devant d'aussi considérables dépenses? Je désire que tu sois heureux autant que tu le mérites, autant que tu en es digne. Je ne crois pas qu'ils aient eu dans cette opération un bénéfice aussi élevé qu'ils se plaisent à le répandre. J'ignorais que vous entretinssiez des rapports aussi suivis, aussi réguliers avec eux. Je ne puis supposer que des hommes si bien élevés, si délicats, aient jamais une telle idée. Je pars, tu cours, il attend, il vous suit.

21e LEÇON. — Les sciences donnent mille délassements, offrent mille plaisirs à celui qui les possède, mais elles ne s'acquièrent que par le travail. C'est sans doute un très-grand malheur de n'avoir point reçu d'éducation, mais il y a une honte accablante, une sorte d'ignominie à être ignorant après avoir eu l'occasion de s'instruire. L'indolence et la paresse énervent, tuent les facultés; le travail les nourrit et les développe; quel sera votre choix? Henri et Ferdinand jouent et s'amusent depuis plusieurs heures dans une intelligence parfaite; Julie et Pauline ne s'accordent pas de même. Votre fils et mon neveu travaillèrent hier ensemble une grande partie de la journée; ils se consultaient et s'entr'aidaient tour à tour. Tous leurs camarades admirent cette étroite amitié qui les lie; c'est ainsi que chaque jour ils font leurs devoirs, c'est ainsi qu'ils remplissent les tâches qui leur sont imposées. Si vos occupations ne s'y opposent pas, si votre temps vous le permet, nous sortirons ce soir, et nous nous promènerons en parlant des affaires que nous avons à régler. Viennent-ils? partent-elles? sortirai-je? partirai-je? Vous faites, vous dites, je sors, vous parlez, ils écoutent, je veux, tu peux, il veut, il comprend, ils reçoivent.

22e LEÇON. — Les bons écoliers se connaissent à la propreté de leurs cahiers. Sans les secours prompts de ces voyageurs, vous et moi aurions péri. Quoique vos amis aient de la fortune, pensez-vous qu'ils puissent longtemps faire de telles dépenses? Je ne saurais m'imaginer que ces travaux soient achevés à l'époque fixée. Je ne comprends pas que tu aies déjà épuisé tes ressources, et personne ici ne saurait s'imaginer que tu aies réellement besoin de ce que tu demandes. N'aurais-tu donc pas fait bon usage de tout ce que tu as eu à ta disposition? Soit qu'ils eussent des occupations plus sérieuses, soit qu'ils se souciassent peu de voir fructifier cette entreprise, ils semblaient n'y apporter qu'un intérêt léger. Le printemps d'abord, et ensuite l'été succèdent à l'hiver. Il est vrai que les roses sont les fleurs les plus belles, mais elles se fanent en quelque jours. Le soleil et la lune nous donnent une clarté bien différente; celle-ci nous renvoie, nous réfléchit une clarté qu'elle tient, qu'elle reçoit du soleil. Il est des hommes si peu faits pour juger, si peu capables d'apprécier ce qui se passe sous leurs yeux, que les merveilles de la nature ne les frappent ni ne les émeuvent; ce n'est pas qu'ils ne voient et n'entendent bien, mais ils sont incapables de sentir.

23e LEÇON. — Mon frère et moi viendrons vous voir dans quelques jours; ma sœur et ma mère voyagent; mon oncle, ma tante et moi sortîmes hier. Les enfants qui aiment et honorent leurs parents seront chéris de Dieu, estimés des hommes et contents d'eux-mêmes. Quoique nous en soyons à l'étude du verbe, nous allons revenir ici à nos règles précédentes. Mentor conduisait Télémaque au milieu des périls qui l'environnaient. L'homme le plus heureux est celui à qui ses actions laissent une satisfaction entière. Les nouveaux travaux faits dans cette ville la rendent plus propre, l'embellissent. Attendez-vous à rencontrer bien des ingrats, mais ne le soyez jamais : l'ingratitude annonce un mauvais cœur. De notre camp, nous apercevions les feux de l'ennemi, et, de leur côté, les ennemis devaient apercevoir les nôtres. Toi que rien ne retient, pars et informe-toi si ces récits sont exacts, s'ils ne sont pas mensongers. Leur mise était recherchée, leur abord froid, leur regard hautain et leurs manières apprêtées : nous ne pûmes voir en elles des amies; l'amitié en effet n'est pas ainsi escortée. Des entretiens familiers, des discours brefs, des pommes mûres, des poires gâtées; votre ami instruit lui-même ses deux fils; il les élève, il les suit dans leurs diverses occupations. Voyez comme ces roses sont fleuries, et comme ces autres fleurs sont fanées!

24e LEÇON. — Les arbrisseaux, les plantes, enfin tous les végétaux de ces contrées sont plus vivaces, plus beaux, plus grands que les nôtres. Les tableaux qu'on voit, les gravures qui se rencontrent dans ces galeries ne sont pas tous également précieux, ne me paraissent pas tous remarquables. Ces généraux conduisaient leurs soldats à la gloire chaque fois qu'ils les conduisaient au combat. De tous ces bijoux, voilà ceux que je préférerais. Quel est l'homme assez hardi, quelles sont les personnes assez osées, ou plutôt assez insensées pour s'exposer à de tels périls, à de pareils dangers? Les oliviers de la Provence nous fournissent une huile délicieuse. C'est moi qui autrefois m'occupais de ce soin, qui me chargeais de tout à cet égard. Ne serait-ce pas toi qui aurais trouvé les objets qui me manquent? La réception fut cordiale, et la conversation spirituelle, animée. Tous les rapports qu'on nous fit, toutes les nouvelles instructions qui nous parvinrent, tous les renseignements que nous recueillîmes, nous confirmèrent dans notre opinion, dès lors nous nous décidâmes, nous prîmes un parti décisif, une résolution définitive. Est-ce moi qui devais faire ces démarches? est-ce toi qui partiras? est-ce lui qui viendra nous chercher? J'y entrai, il est vrai, mais dès que j'eus reconnu les lieux où j'étais, je m'empressai d'en sortir. Dès que j'eus dîné, je partis; dès que j'ai eu dîné, je suis parti. J'ai fini, je finis, il réunit, il a réuni, tu réunis, tu as réuni, il promit, il a promis.

25e LEÇON. — Aussitôt que nous eûmes commencé, tout le monde nous imita, nous suivit. Ils avaient d'abord cessé leurs travaux, mais ils les reprirent et les continuèrent; quant à nous, nous abandonnâmes les nôtres, car nous étions trop incertains de ce qui pouvait en résulter. Bientôt son adversaire l'atteignit, le frappa et lui donna la mort. Lorsque tu viendras me voir, je te ferai connaître les curiosités de notre ville et ses environs. Ce sont des enfants si insouciants, si peu habitués à l'étude, qu'ils ne travailleraient jamais s'ils n'y étaient contraints. Aime ton père, chéris ta mère, suis leurs conseils, reçois d'une humeur égale leurs caresses et leurs réprimandes. Entre et repose-toi, puis parle-nous de tes projets. Viens, hâte-toi; cours donc. Il faut que tu aies soin de tes livres; vois, remarque comme tes sœurs conservent les leurs. Présumez-vous que ces messieurs aient une telle influence, qu'ils puissent faire prévaloir leur opinion? Je doute que tu aies pris un bon parti. S'ils eussent été fidèles aux lois de l'honneur, aux principes de l'équité, croyez-vous qu'en un espace si court ils eussent fait une fortune si colossale? Il a pris un parti sage, il prit une résolution insensée. J'ai remis ce voyage, il m'a promis une lettre de vous, il me remit ses paquets, puis il sortit, puis il s'en alla.

26e LEÇON. — Les élèves confondent assez souvent le passé défini il *parla*, il *chanta* il *apporta*, avec l'imparfait du subjonctif qu'il parlât, qu'il chantât, qu'il apportât. Vous vaincrez cette difficulté en supposant la phrase au pluriel. Or, avez-vous à écrire, *bien qu'il s'*EXPRIMÂT *avec élégance, il ne* PERSUADA *personne*, transformez ainsi la phrase au pluriel : *bien qu'ils s'*EXPRIMASSENT *avec élégance, ils ne* PERSUADÈRENT *personne.* Cette expression *exprimassent* indique l'imparfait du subjonctif, qui prend toujours un *t*, et *parlèrent* indique le passé défini, qui s'écrit toujours sans *t*. Il se présenta et il s'expliqua avec embarras, quand il était important pour lui qu'il se présentât avec aisance et qu'il parlât avec facilité; il ne pouvait ignorer cependant que ce premier pas ne décidât du succès de sa démarche. Comprends-tu ce passage? Ne confondez pas *ce* avec *se*; le premier est adjectif ou pronom démonstratif, comme dans ce cheval, ce chapeau, ce livre, voilà tout ce qu'il sait, ce sont mes amis. *Se* est toujours avant un verbe : ma plume se gâte, ma cousine se promène. Ainsi j'écrirai : ce malade se plaint, cela se vend cher; ce papier se gâtera à l'humidité, ce qu'il a rapporté se confirme, ce vin se gâtera si vous le laissez à la chaleur, cela se dit.

Exercices sur les REMARQUES PARTICULIÈRES *au sujet des quatre conjugaisons.*

27e LEÇON. — Après ce coup de main, nous délogeâmes l'ennemi de tous les points, et nous plaçâmes notre artillerie de telle sorte que, durant l'action qui suivit, elle protégea les corps qui, par leur position, avaient le plus à souffrir. Consultez le n° 124 afin de mettre l'accent grave où il le faut. J'espère, nous espérons tous que vous réussirez; c'est ce que je lui ai déjà répété, c'est ce que je lui répète tous les jours. Il n'osa répéter ce qu'il avait dit. Vous répétez toujours les mêmes choses. Tout à coup il se lève et manifeste le désir de parler. Il faut peser toutes les considérations avant de prendre un parti. Cela pèse cent livres. Il nous renouvela des propositions que nous rejetâmes. Il renouvelle sans cesse sa demande, quoiqu'on la rejette. Il est inutile que vous lui fassiez de telles offres, il les rejettera. Nous nous jetterions souvent dans l'erreur, si nous ne nous habituions pas à réfléchir avant de nous décider. C'est Romulus qui jeta les fondements de la ville de Rome. Croyez-vous que cette entreprise où vos amis jettent leur fortune, leur donne les bénéfices qu'ils en attendent? On appelle fleuve une rivière dont les eaux sont considérables, et se jettent directement dans la mer. S'il s'éloigne, nous l'appellerons. Quand on l'appela, il se tut et se cacha. Faut-il que nous l'appelions? Ce sont là de petits défauts qu'il rachète par mille bonnes qualités. Ces confidences qu'il eût dû tenir secrètes, il les révéla à qui voulut les entendre.

28e LEÇON. — Je crains bien que sans le vouloir, nous ne révélions quelques-unes des circonstances principales. Ils achetèrent cette propriété bon marché, car il ne se présenta personne qui en voulût. Quoique ces jeunes gens aient du talent, ils ne réussissent à rien, ils végètent. Il est bien rare que le crime ne se décèle pas de lui-même. Il se présente par intervalles des événements si graves et d'une nature telle, que la société en est ébranlée, et que les empires les mieux assis en chancellent. Celui qui vole et celui qui recèle sont coupables au même degré. Lorsque nous étions près d'eux, nous leur faisions oublier leurs petites querelles; nous les réconciliions. Il importe que vous n'oubliiez pas de parler de ce fait. Il y a peu de temps encore que nous leur envoyions nos lettres par occasion; maintenant, que nous ne le pouvons plus, nous les leur envoyons par la poste. Autrefois n'employiez-vous pas cette matière? Pourquoi ne l'employez-vous plus? Quand il vint nous faire ses adieux, nous étions nous-mêmes sur notre départ, nous pliions nos paquets. Il importe que vous envoyiez, que vous expédiiez ces marchandises tout empaquetées. C'est une somme que je vous prierai de payer pour moi.

29e LEÇON. — S'il est malhonnête homme, il niera vous devoir; s'il est honnête, il payera; du reste, j'emploierai avec lui tous les moyens qui se concilieront le mieux avec vos intérêts. Oublierez-vous encore une fois ce que je vous ai si particulièrement recommandé? On le louerait bien davantage si tous ses actes d'humanité étaient connus; mais jamais il ne les révèle; toujours, au contraire, il les tient le plus secrets qu'il peut. Il nous suscite, il nous crée des embarras avec une malignité persévérante. Ce sont là des jeux qui nous égayeront, qui nous récréeront. Je ne pense pas qu'on agrée vos offres.

Toutes les choses de ce monde ont été créées par la main puissante de Dieu. J'essayerai d'être présent à cette cérémonie; mais si mon voyage me retient, mon frère me suppléera. Il emploie son temps et nous employons toute notre influence à amener d'heureux résultats. Il faut que tu envoies tes pièces immédiatement, afin que nous justifiions la légitimité de ta créance. Ce sont des travaux qui récréent plus qu'ils ne fatiguent. C'est un homme d'une grande énergie et qui déploiera toute la vigueur que réclament les circonstances. Vous haïssez le mensonge, dites-vous, je le hais également.

30e LEÇON. — Les verbes suivants appartiennent-ils tous à la seconde conjugaison : élargir, produire, prédire, applaudir, sentir, démolir, ressortir, unir, souscrire, mentir, définir, assouvir, luire, écrire, ouvrir, étourdir? Écrirez-vous avec un *d* il prend, il peint, il enjoint, il attend, je rends, je résous, je dissous, tu entreprends, tu rejoins, il correspond, il enfreint, je plains? Faut-il écrire ainsi avec *a* rendre, apprendre, entendre, répandre, comprendre, suspendre, épandre, fendre? Ces quatre dernières leçons vous paraîtront sans doute difficiles, et en effet elles le sont, particulièrement pour des commençants. Mais nous n'insisterons pas davantage ici, ces difficultés devant se présenter plus loin. Cependant, pour terminer cette leçon, écrivons encore : j'ai semé, je sème, vous semez, qu'il sème ; je répète, nous répétons, vous répétez, je répétai ; j'appellerai, tu appellerais, je révélerai, vous révélez. Il faut que nous payions cette somme aujourd'hui. Nous envoyons, j'envoie, je continuerai, je payerai, je vous supplierai. Autrefois, nous expédiions notre marchandise par cette voie. Écrivez les infinitifs traduire, fournir, obtenir, vêtir, luire, épanouir. Son offre a été agréée. Son imagination lui crée des fantômes. Tous les verbes suivants sont-ils de la troisième conjugaison : s'asseoir, boire, revoir, concevoir, croire, devoir? Je comprends, je plains, je rends, j'entreprends, j'enjoins.

Exercices sur les PARTICIPES, *considérés sans accord avec le sujet ou le régime.*

31e LEÇON. — Il y a deux sortes de *participes*, savoir : le participe *présent* et le participe *passé*. Le participe présent est toujours invariable, et se termine par les lettres *ant*. Les jeunes gens se forment l'esprit en lisant de bons livres. Vos neveux se sont fait considérer dans la société en s'y montrant polis, affables, et en observant jusqu'aux moindres convenances sociales. On rend service aux enfants en combattant leurs défauts, et particulièrement leur penchant à l'insouciance, en les contraignant à l'étude, en leur traçant des devoirs qui remplissent une partie des heures du jour. Quant au participe *passé*, il offre des difficultés sérieuses ; mais ce n'est pas le cas d'examiner ces difficultés, elles seront présentées plus loin dans un chapitre spécial. Mais, comme le dit le numéro 158, un participe qui n'est ni avec *avoir*, ni avec *être*, fait la fonction d'adjectif. Des terres bien cultivées, des projets mal conçus, une réputation méritée, des conseils méprisés, une mère éplorée, des arbres abattus par le vent, un objet promis, des constructions démolies, des meubles brisés, des chevaux fatigués, deux cœurs unis.

32e LEÇON. — Remarquez que, pour écrire régulièrement un participe passé au masculin, il suffit de se demander comment fait ce participe au féminin. Vous ne trouverez donc nulle difficulté à écrire les participes *introduit*, *promis*, *uni*, si vous cherchez les féminins *introduite*, *promise*, *unie*. Écrivez encore pris, remis, admis, transcrit, conçu, peint, craint, offert, cueilli, etc. Mais gardez-vous bien de confondre avec le participe passé certains autres temps qui se prononcent de même; ceci est très-essentiel, très-important. Par exemple, *il promit* et *il a promis* ne s'écrivent pas de même ; le premier est un temps simple et prend un *t*, puisque c'est une troisième personne ; le second finit par *s*, parce que c'est un participe dont le féminin est *promise*. Comment distinguer que l'un est participe et que l'autre ne l'est pas? Le voici : tout verbe qui est conjugué avec *avoir* ou avec *être* est au participe passé : *il a reçu* s'écrit par *u*, parce que c'est un participe passé dont le féminin fait *reçue*. *Il reçut*, n'ayant point d'auxiliaire, est un temps simple à la troisième personne et prend pour ce motif un *t*. J'ai joint, je joins, tu auras joint, tu joins ; j'eus remis, je remis, il avait remis, il remit ; il conçut, il avait conçu ; je lus, j'avais lu, il a lu, il lut ; il aura appris, il aura fini, il apprit, il finit. Après avoir découvert la fraude, je me suis plaint.

33e LEÇON. — Ne perdez pas de vue les principes que nous venons de développer dans la trente-deuxième leçon ; ces principes consistent à vous faire distinguer la différence d'orthographe qui existe entre *il a reçu* et *il reçut*, entre *il admit* et *il a admis*, entre *il avait parcouru* et *il parcourut*, etc. Voici des exemples par lesquels vous allez prouver à votre maître que vous avez compris ou que vous n'avez pas compris ce principe : il prit un siége et me l'offrit ; il a pris un siége et me l'a offert ; il a reçu et m'a remis cette lettre ; il reçut et me remit cette lettre. Tu partis trop tard, tu es parti trop tôt.

Il conçut ce projet et l'exécuta, il a conçu ce projet et l'a mis à exécution; il mit ses bottes, puis il sortit; il est sorti après m'avoir remis ses clefs. Surpris sur le coup, il fut arrêté et conduit devant les magistrats. Ces édifices, construits il y a déjà cinq cents ans, se conserveront des siècles entiers. Telle est son habileté, qu'il a peint ces deux sujets en quelques semaines. J'ai éteint ma lumière. J'éteins mon feu. J'ai conçu un projet dont l'exécution ne me paraît pas aisée. Je conçus ce dessein et ne l'exécutai pas. Il a résolu de partir et il est parti; tu résolus de partir et tu partis; il résolut de partir et il partit.

---

*Exercices sur l'*ADVERBE.

34e LEÇON. — L'*adverbe* est un mot invariable, c'est-à-dire qui ne change pas dans la manière de s'écrire. J'engage les élèves à souligner tous les adverbes de cette leçon. On sait que cette espèce de mot s'appelle ainsi, de ce qu'elle se place le plus souvent près du verbe. La plupart des adverbes dérivent des adjectifs. Ainsi *agréablement*, *méchamment*, *prudemment*, *sagement* viennent des adjectifs *agréable*, *méchant*, *prudent*, *sage*; il y en a quelques centaines d'autres qui sont dans ce cas. Ceux qui font exception sont plus particulièrement les adverbes qui se rapportent au temps; tels sont ceux qui suivent : *hier*, *aujourd'hui*, *demain*, *toujours*, *jamais*, *tôt*, *tard*, etc. Il y en a qui marquent la quantité, comme *beaucoup*, *peu*, *assez*, *trop*, *davantage*, *plus*, *moins*. Comme je vous l'ai dit plus haut, soulignez les adverbes qui se présenteront dans les phrases suivantes. Il y a beaucoup de gens qui se disent vos amis, et peu qui le soient. Votre jeune cousine est moins prévenante, il est vrai, mais plus spirituelle, plus gaie, plus vive que sa sœur aînée. D'abord il me reconnut, puis il m'appela. Dès qu'il m'aperçut, aussitôt qu'il me vit, il me fit signe, il m'appela. Il se présentait partout, quoiqu'on ne l'invitât nulle part. Votre ami est un de ceux qui ont le plus puissamment contribué à ce résultat.

Exercices sur la PRÉPOSITION.

35e LEÇON. — La *préposition* est aussi invariable ; cette espèce de mot présente donc peu de difficultés. Il importe néanmoins de savoir distinguer que tel mot est préposition. Soulignez donc toutes celles qui vont paraître dans cette leçon. Ne dérangez rien sur mon bureau, venez avec moi en Italie. Les bergers marchent ordinairement avant leur troupeau. Telles furent les sources, tels furent les principes de ces combats sanglants qui coûtèrent la vie à tant de personnes. Vous distinguerez que tel mot invariable est préposition, si ce mot peut être suivi d'un nom ou d'un pronom. Parmi les huit mots suivants, *malgré, pendant, lorsque, mais, avec, excepté, quand, d'abord*, il n'y en a que quatre qui soient prépositions, savoir : *malgré, pendant, avec, excepté*. Continuez à souligner les prépositions qui se rencontrent dans les lignes suivantes : ma mère vient de se réfugier à la campagne auprès d'une amie dévouée. Pourquoi donc avez-vous continuellement agi contre le vœu de vos parents et malgré leurs défenses réitérées ? La fourmi travaille pendant la belle saison à remplir ses greniers souterrains, aussi jouit-elle durant l'hiver des douceurs de ses réserves, sans lesquelles elle mourrait de faim et de misère : c'est à ce petit animal qu'on renvoie les paresseux et les imprévoyants.

Exercices sur la CONJONCTION.

36e LEÇON. — La *conjonction* est le lien qui unit les mots les uns aux autres et les phrases entre elles. La conjonction est aussi un mot invariable. Soulignez toutes les conjonctions de cette leçon. Secourez-moi immédiatement ou je succombe. Je lui ai écrit afin qu'il me donne des renseignements qui me seront précieux, importants. Lorsqu'il vint me voir, j'étais souffrant. Il agissait ainsi pour qu'on ne le soupçonnât point, afin qu'on ne devinât point ses projets coupables, ses vues criminelles. S'il vient, je l'engagerai à prendre ce parti. Je ne pus me rendre à cette invitation, car des affaires aussi inattendues que pressantes me retinrent toute la journée à la maison. Voilà comme il parla, quand on lui demanda son avis. Ainsi que vous l'aviez prévu, cette démarche, faite dans un moment mal choisi, n'a pas eu le résultat heureux qu'on s'en était promis ; différée de quelques jours, elle eût pu réussir. Je le reçus avec politesse, quoiqu'il se fût montré arrogant et grossier, et qu'il ne méritât nul égard ; aussi a-t-il avoué que ces formes polies, auxquelles il ne s'attendait pas, l'avaient fait sincèrement repentir de ses inconvenances. Il ne partit pas, attendu qu'il fut subitement atteint d'une maladie qui le força de garder le lit.

*Exercices sur l'*INTERJECTION.

37e LEÇON. — L'*interjection* est une sorte de mot ou plutôt une sorte de cri qui nous échappe dans la joie, la douleur, l'admiration, l'impatience. Hé bien ! venez donc. Quoi ! vous n'êtes pas encore prêt ? Ah ! quelle inquiétude, quelle douleur, quels maux éprouvèrent ces malheureux dans l'attente du sort qu'on leur préparait ! Ah ! que je suis aise de vous revoir ! Ah ! voilà mon frère. Quoiqu'on puisse toujours écrire ainsi ces interjections *ah ! oh !* il est pourtant mieux de mettre la lettre *h* la première quand on a à exprimer un sentiment de surprise. Ha ! voilà maman. Ho ! prenez garde. On peut en dire autant de *hé bien ! hé quoi !* Quelles beautés innombrables, quel charme, quelles délices dans ces lieux enchantés ? Oh ! mon ami, à tout ce qu'un pareil tableau de la nature me fait éprouver de bonheur, il ne manque que celui d'être près de toi ! Ah ! ils ne sont plus ces jours heureux où, m'épanchant dans le sein d'un ami, je goûtais le charme d'une amitié mutuelle, le crime a flétri mon cœur ; et, demeuré seul, il ne me reste plus, hélas ! que mes regrets et l'affreuse pensée de mes forfaits.

Exercices sur les REMARQUES PARTICULIÈRES.

38e LEÇON. — Nous savons qu'on appelle *primitifs* des mots qui ont servi à en former d'autres qu'on appelle *dérivés*. Ainsi, des primitifs *abus, tapis*, on a fait les dérivés *abuser, tapisser*, qui nous apprennent qu'on doit écrire par *s abus, tapis* ; de même *réciter* nous apprend que *récit* prend un *t*. Par les phrases suivantes, vous prouverez si vous avez senti, si vous avez compris ce principe. Ce complot fut découvert avant que les conspirateurs pussent le mettre à exécution ; leur projet, si l'on en croit les récits qui ont été faits, était de changer la forme du gouvernement ; c'est ainsi que plusieurs fois déjà notre repos a été troublé. Tel est l'embarras qui se présenta dès notre début. La faim se faisant sentir dans le camp, le général se vit forcé de décamper. Je suis à la fin de mes travaux. Outre que le dessin est un art utile et agréable, il donne du coup d'œil et règle le goût. Mon cheval, au trot, suivait le sien au galop. Il existe au sein de cette famille un accord, un concert parfait que rien ne trouble. Son refus est motivé sur des raisons puissantes. Un tel récit fit naître en nous un sentiment de respect pour les auteurs d'une si belle action. Quoi de plus hideux que les échafauds sanglants des révolutions!... Les dérivés sommeiller, réveiller, travailler, conseiller, accueillir, recueillir, fusiller, babiller, viennent des primitifs sommeil, réveil, travail, conseil, accueil, recueil, fusil, babil. Le tracas perpétuel qu'on lui suscite lui donne de l'humeur, du chagrin même.

39e LEÇON. — Combien d'embarras ne résulta-t-il pas de cette guerre! Il importe que vous lui présentiez vos comptes dès maintenant. C'est un homme dont les combinaisons échouent toutes. Votre prospérité comble nos vœux. C'est une faute impardonnable. Une affluence considérable encombrait toutes les issues. Une belle occasion, une occupation pénible. Ces excès ont affaibli sa santé. C'est un remède très-efficace. Sa méchanceté est telle, qu'il diffame les hommes les plus respectables, et sans qu'il en ait éprouvé la moindre offense. Cela empira. Ne faudra-t-il pas un *c* avec la cédille dans quelques-uns des mots suivants? La façade de cet édifice est un chef-d'œuvre. Il se déchira la face en tombant. Je ne reçois plus aussi souvent de ses nouvelles. Avez-vous reçu ma lettre? Comme tous ces petits objets sont bien façonnés! La maçonnerie seule de cet édifice est terminée. L'air spirituel et naïf de cet enfant le rend intéressant; c'est le portrait de son aïeul. On appelle païens ceux qui adoraient de faux dieux. N'a-t-on rien apporté, n'ont-ils rien reçu pour moi? Partons-nous? A peine eurent-ils fini, qu'ils partirent. Je finirai mes travaux cette semaine-ci. Combien coûte ce livre-là? Nous étions trente-cinq à cette réunion. Une mémorable révolution s'est opérée en France l'an mil sept cent quatre-vingt-neuf. Cette compagnie est composée de quatre-vingt-dix-sept hommes.

Récapitulation des règles du PARTICIPE, *de l'*ADVERBE, *de la* PRÉPOSITION, *de la* CONJONCTION, *et de* l'INTERJECTION.

40e LEÇON. — Nous avons déjà dit que, pour écrire régulièrement un participe passé au masculin, il faut, comme pour les adjectifs, se demander comment fait ce participe au féminin. Or, les participes *admis*, *soumis*, *construit*, *fourni*, *uni*, *produit*, s'écrivent différemment, quoiqu'ils aient une terminaison qui se prononce de même. Sur ce point donc, cette espèce de mot ne peut plus me causer d'embarras. De plus, je sais que tout verbe qui est avec *avoir* ou avec *être* est au participe. Cette nouvelle inattendue a réjoui tout le monde. Voilà un propos qui l'a compromis. Il compromit la cause de ses amis par une démarche inconsidérée. C'est un fait dont je me réjouis. Tu as précisément détruit les pièces qui étaient nos titres principaux. C'est un homme qui détruit la fortune de ses enfants. Je le poursuivis, mais ne l'atteignis pas. Nous l'avons poursuivi, mais nous ne l'avons pas atteint. J'atteins mes quarante ans. Je crains de l'indisposer. J'ai toujours craint de choquer quelqu'un. Joins-tu tes efforts aux nôtres pour les réconcilier? Nous avons joint nos lettres aux siennes, et lui avons transmis de vive voix vos instructions. Il l'a poursuivi avec une telle vigueur, qu'il l'a bientôt rejoint. Ce peu de repos nous remit de nos fatigues. C'est à eux-mêmes qu'il a remis vos lettres.

41e LEÇON. — Ici encore prenez garde de confondre avec le participe passé certains autres temps du verbe qui se prononcent de même, mais qu'il est facile de distinguer, parce que ce sont des temps *simples*. Un corps entier de l'armée ennemie fut détruit dans cette action. Le temps détruit tout, et jusqu'aux choses les plus durables même. Ce malade a repris des forces depuis que la fièvre a disparu. Il reprit de petits sentiers détournés, et tout à coup il disparut à nos yeux. Nous avons conclu des arrangements définitifs qui régleront désormais nos droits respectifs. Par tout ce que tu dis, je comprends que tu conclus que c'est moi qui ai tort. Je me souviens qu'on distingue la préposition des autres mots invariables, en ce qu'elle peut être suivie d'un nom ou d'un pronom. Pour prouver que je sais les distinguer, je vais souligner toutes celles qui se rencontreront dans le reste de ce devoir. Il est vrai que je fis ce voyage dans un temps bien rigoureux, dans une saison bien dure, mais mes intérêts l'exigeaient impérieusement. C'est peu après cette époque aussi, que, forcés de passer en Angleterre, nous partîmes sans venir vous faire nos adieux. Nous errâmes toute la nuit égarés dans la forêt. Il arriva avant eux, mais après nous. Placés en embuscade, et sans courir le moindre risque, ces tirailleurs faisaient un mal infini à l'ennemi. Avec de meilleurs chefs, ils eussent vaincu, car, outre qu'ils étaient animés du meilleur esprit, leur armée était supérieure à celle qui les attaquait.

42e LEÇON. — Remarquez bien que toute préposition placée avant un verbe veut ce verbe à l'infinitif,

Soulignez encore les prépositions qui se rencontrent dans ce devoir. Cet enfant est très-lent à manger et très-prompt à se fâcher. Pour avancer dans l'étude d'une langue, pour en posséder les principes, il faut s'habituer à réfléchir, à penser. Les petites phrases que j'écris actuellement avec assez de facilité, m'auraient complétement embarrassé il y a à peine quelques semaines; mais depuis que je commence à distinguer que tel mot est de telle espèce, les principes me paraissent moins obscurs, plus clairs. Depuis longtemps je vous aurais remis ces objets, si j'avais pu prévoir qu'ils pussent vous être utiles. — Nous savons que les *conjonctions*, qui sont des mots invariables, attachent et lient les mots les uns avec les autres, ou plutôt les phrases entre elles. L'orthographe des conjonctions est extrêmement facile; mais encore est-il bon de savoir distinguer que tel mot est une conjonction. Mes visites à mes amis seraient beaucoup plus fréquentes, si mes occupations me laissaient libre. Remarquez que la plupart des conjonctions finissent par *que*. Je ne pus consentir à de telles propositions, parce qu'elles me parurent voiler une pensée secrète. Quoiqu'il prît le ciel à témoin, bien qu'il invoquât le témoignage des honnêtes gens, son crime se dévoila, se prouva, et il périt pour l'expier. Je ne parus pas, je ne me rendis point à cette réunion, parce que des circonstances inopinées vinrent me faire une loi de m'absenter. Je ne lui parlai point, attendu que je ne le trouvai pas. L'*interjection* aussi présente peu de difficultés. Oh! mes enfants, dit-elle avant de mourir, que la vertu seule soit votre guide. Que la mort, hélas! me serait dure, cruelle, si ma conscience n'était pure, si elle ne me soutenait dans ce moment solennel!

Récapitulation des règles des dix espèces de mots.

43e LEÇON. — Nous dirons pour la dernière fois qu'il y a deux sortes de noms, savoir : les noms communs et les noms propres, et nous ajouterons que la première lettre des noms propres est une lettre capitale ; conséquemment il faut écrire ainsi un capitaine, un général, un roi, la France, une ville, l'Allemagne, l'Amérique, Eugénie, Charles, Antoine. La règle des noms en *aux* nous est connue, en voici l'application : les ruisseaux, les chameaux, les cristaux, les canaux, les manteaux, les journaux. Les noms en *eu* et les noms en *ou* ne nous embarrassent pas davantage, mes vœux, le lieu, les clous, les choux, les genoux, les hiboux, les filous, les trous, les joujoux, les sous. Mon neveu a les cheveux blonds, quoique ses parents les aient noirs. Approchez-vous du feu. Les noms ail, aïeul, ciel, œil, font au pluriel ails *ou* aulx, aïeuls ou aïeux, cieux, yeux. Nous nous rappellerons que les noms dont la finale se prononce *eur*, n'ont point d'*e* à la fin : la liqueur, une odeur, la chaleur, la peur, la couleur. Il y a quelques exceptions, telles que heure, beurre et demeure. Les noms d'arbres fruitiers ont une orthographe facile. On écrit ainsi, les pommiers, les citronniers, les figuiers, les noyers. Nous savons à quoi nous en tenir quant au pluriel des noms terminés par *ant* ou par *ent* : les sentiments, les méchants, les événements, les instants.

44e LEÇON. — L'article ne présentant aucune difficulté, nous passerons aux règles de l'adjectif : une humeur égale, des manières naturelles, une conversation naïve, un caractère aimant et attaché ; telles sont les principales qualités qui distinguent cette jeune personne. Le féminin des adjectifs en *el* et des adjectifs en *al* n'est plus une difficulté pour nous. Nous écrirons ainsi la garde nationale, des connaissances superficielles, mes occupations principales, une rente perpétuelle, un ami fidèle, une domestique infidèle. Nous connaissons toute l'importance du numéro 60. Nous allons en donner la preuve par les phrases suivantes : des fruits délicieux, du pain bis, mais d'un goût excellent, du vin léger, mais naturel, tels furent les aliments qu'on nous servit, et que nous trouvâmes d'autant meilleurs que nous éprouvions depuis quelques heures des besoins pressants. Le père et le fils instruits. La mère et la fille fatiguées; le frère et la sœur gais. Mon fils et le vôtre sont liés d'une étroite amitié. — Notre appartement est un peu moins clair, mais plus chaud que le vôtre. C'est un homme qui maltraite ses domestiques et quelquefois même ses enfants. A en croire ses amis, il arrivera ces jours-ci. Lisez ces livres. Guidez ces enfants. Cette eau n'est ni claire, ni fraîche ; cet endroit est humide et malsain. Il fait un temps incertain. Leurs voisins sont d'excellentes gens. C'est lui qui leur a vendu tous leurs livres. Leurs chevaux me semblent fatigués.

45e LEÇON. — Nous avons vu que, dans les verbes, on distingue des temps *simples* et des temps *composés*, et qu'il y a deux marches bien différentes à suivre pour écrire régulièrement ces deux sortes de temps. Nous nous rappelons en effet que la règle des temps simples exige que l'on cherche le *sujet*. Cette mère n'a pas assez de fermeté avec ses enfants : si quelquefois elle les gronde, elle ne les corrige jamais. Que demandaient donc encore ces importuns ? Quoiqu'il m'eût promis de venir, je ne l'aperçus pas. Je ne consentis à ces propositions qu'après avoir pris des renseignements qui me donnèrent l'assurance qu'elles m'offriraient un avantage. Nous nous rappelons que les temps composés sont ceux où il entre le verbe *avoir* ou le verbe *être*, comme quand on dit *j'aurais prescrit*, *j'avais compris*, il *aura consenti*; et nous savons, en outre, que ces mots *prescrit*, *compris*, *consenti*, sont des participes dont on trouve la dernière lettre en en cherchant le féminin. Ainsi le féminin *prescrite* m'avertit que je dois écrire avec *t* le mot *prescrit*, etc. Le parti qu'il avait pris lui aurait réussi, mais il n'a pas su se maintenir dans sa position. Dès qu'il sut ce qui se passait, il prit une résolution qui déconcerta les plans de ses adversaires, et il les força de renoncer à lui nuire; c'est ainsi qu'il parvint, qu'il réussit à se tirer de la position fausse où les circonstances l'avaient mis. Si tu satisfais à tes engagements, tu gagneras la confiance de ceux avec qui tu traiteras. Tu te trompes, si tu penses que seul tu pourras supporter de telles charges.

46e LEÇON. — Je me rappelle que toutes les secondes personnes du singulier finissent par la lettre *s*. Tu n'as pas, dis-tu tous les avantages que tu attendais; mais si ta position se maintient telle que tu nous la présentes dans ce moment même, tu dois te trouver satisfait, eu égard aux difficultés des temps. Tout ce que tu nous apprends, mon cher ami, nous fait plaisir, nous réjouit. Tu sais combien nous désirons que tu prospères, combien nous souhaitons que tu répares les malheurs de ces derniers temps. Continue surtout à mériter l'estime de la famille honorable au milieu de laquelle tu es, avec laquelle tu vis. Cet événement a surpris tout le monde. Pour ne pas confondre le passé défini *il chanta* avec le passé indéfini *qu'il chantât*, qui prend un *t*, il faut supposer la phrase au pluriel. Or, pour écrire *je voulais qu'il* *employât à payer ses dettes l'argent qu'il dépensa dans ce voyage*, je dirai ainsi : je voulais qu'ils *employassent* à payer leurs dettes l'argent qu'ils *dépensèrent* dans leur voyage; ce mot *employassent* m'annonce un imparfait du subjonctif, et *dépensèrent*, un passé défini. Je l'aperçus et l'abordai, mais bientôt je pus remarquer que la fortune avait changé son cœur, et je ne trouvai plus en lui ces sentiments qui autrefois nous unissaient si étroitement. A votre place, non-seulement je n'accepterais pas ces propositions, mais je les rejetterais.

47e LEÇON. — Souvent les élèves confondent l'*impératif* avec le *présent* de l'indicatif, et particulièrement dans des cas semblables à celui qui suit : *promène-toi* plus souvent, *te promènes-tu* quelquefois? Quoique dans ces deux exemples le verbe *promener* soit à la seconde personne, il faut écrire sans *s* promène-toi, et donner un *s* à *te promènes-tu?* En voici la raison : chaque fois que l'on commande ou que l'on engage quelqu'un à faire une chose, le verbe est à l'impératif. Or, promène-toi est à l'impératif; et l'impératif, à la seconde personne du singulier, s'orthographie comme la première personne du présent de l'indicatif. Ces autres mots *te promènes-tu?* sont une question, et les questions sont des temps de l'indicatif. En effet, te promènes-tu correspond à est-ce que tu te promènes? Après une telle explication, vous ne devez pas laisser de fautes dans les exemples suivants : repose-toi, te reposes-tu quelques instants avec nous? Approche-toi. Chantes-tu quelquefois? Donne-toi quelque repos. Nous donnes-tu à dîner aujourd'hui? Souffres-tu encore? Offres-tu des billets à ces dames? Recueille-toi, console-toi. Passes-tu la journée avec nous? réponds. Étudie, travaille, rends-toi digne des sacrifices de tes parents. Explique-toi, fais connaître tes raisons. T'expliques-tu les motifs qui peuvent le guider à cet égard? Parle avec calme; oublie, si tu le peux, la gravité des offenses de ton adversaire, et confonds-le par des raisons qui fassent ressortir tout ce qu'il y a de peu délicat, d'ignominieux dans son procédé à ton égard.

48e LEÇON. — Bien qu'il semblât vouloir cacher sa naissance, qu'il n'en parlât jamais, on jugea, à ses manières et à son éducation, qu'il appartenait à une famille distinguée. Assure-toi bien de la moralité de ceux avec qui tu traites; prends surtout des renseignements auprès de personnes qui ne soient pas intéressées à te déguiser la vérité; puise-les particulièrement dans les maisons désignées dans nos lettres précédentes. L'emploi de l'infinitif est presque une affaire de tact. Nous voulons dire que le cas d'employer ce temps se sent mieux qu'il ne se définit. Cependant toutes les fois qu'un verbe est précédé d'une préposition, il faut le mettre à l'infinitif. Pour vous fortifier, cherchez à vous expliquer vos fautes, quand votre maître a pris la peine de vous développer les règles. Vous me paraissez avoir besoin de vous reposer. Employez votre temps à étudier; il viendra un temps où vous vous en féliciterez. Étudier lorsqu'on est jeune, c'est semer pour moissonner lorsqu'on est vieux. S'efforcer d'acquérir des connaissances, c'est se montrer digne des sacrifices de ses parents. Apportez le plus grand soin à recueillir les renseignements que je vous demande; ne négligez rien pour qu'ils soient tout à la fois sûrs et complets; surtout procurez-vous-les auprès des personnes les plus recommandables du pays, et adressez-les-moi. Enseigner, c'est s'instruire, c'est aussi se fortifier dans ce que l'on sait. Lorsque deux verbes se suivent, on met encore le second à l'infinitif. Nous les fîmes arrêter; je voulus le payer, mais il ne voulut point accepter mon argent. Nous les vîmes passer, mais nous n'osâmes les appeler.

Récapitulation succincte de tous les principes de la première partie de la grammaire.

49e LEÇON. — La ville de Rome a longtemps commandé au monde. C'est par César que les Gaules furent conquises. Notre flotte, composée de près de cinquante vaisseaux, était commandée par des amiraux distingués et expérimentés. Ces châteaux forts, jusqu'alors réputés imprenables, furent enlevés par nos généraux. Les noms terminés en *ou*, comme un *sou*, un *clou*, prennent au pluriel la lettre *s*, mais il y a sept exceptions que voici (1). Écrivez ainsi un landau, des landaus. Les noms terminés en *al* ont leur pluriel en *aux :* un *cheval*, des *chevaux*. Il n'y a que trois exceptions que voici : bal, carnaval et régal. Les noms éventail, émail, travail, portail, soupirail, corail, bail, gouvernail, font au pluriel des éventails, des émaux, des travaux, des portails, des soupiraux, des coraux, des baux, des gouvernails. Les quatre noms *ail*, *aïeul*, *ciel*, *œil*, font au pluriel des ails *ou* des aulx, des aïeuls *ou* des aïeux, des cieux, des yeux. L'instant, le monument s'écrivent ainsi au pluriel : des instants, des monuments. Les adjectifs terminés par *el* ou par *eil*, comme *habituel*, *vermeil*, *cruel*, *pareil*, s'écrivent ainsi au féminin : habituelle, vermeille, cruelle, pareille. Un homme fidèle à ses principes, une domestique infidèle, une armée rebelle, un chef rebelle. Les adjectifs suivants,

---

(1) Les élèves devront chercher ces exceptions dans la grammaire, et les écrire dans leur devoir.

poltron, ancien, bon, bouffon, chrétien, sujet, païen, muet, font au féminin, poltronne, ancienne, bonne, bouffonne, chrétienne, sujette, païenne, muette. Le vice est honteux, un hiver pluvieux, des livres instructifs, une science fugitive, du pain blanc, un temps sec, un passage public, le gouvernement grec, un homme caduc, un vaisseau turc, la nation grecque, un langage franc, une saison sèche, une fonction publique, une femme turque. Les adjectifs long, malin, tiers, favori, châtain, bénin, fat, coi, dispos, font au féminin, longue, maligne, tierce, favorite, bénigne, coite; quant à *châtain*, *fat* et *dispos*, ils n'ont pas de féminin. Les arts libéraux, ces deux enfants sont jumeaux, des hommes originaux, des légumes nouveaux. Deux élèves rivaux. Voilà les principaux événements de cette époque.

50e LEÇON. — Nous savons à quel moyen recourir pour écrire les adjectifs violent, exquis, prochain, long, rond, précis, poli, uni, gros, gris, bis, prompt, enclin, souterrain, épais, léger, concis. Cette horloge n'est pas montée, cette pendule est bien réglée, cet élève est léger. Ces monuments sont intéressants. Votre sœur est venue nous voir avec ses enfants. Voyez comme ces enfants sont laborieux, comme ils sont appliqués. Toutes ces villes sont remarquables. Combien coûtent ces livres? Cet enfant a oublié ses livres. Vous vous rappelez que *notre* et *votre* prennent dans certains cas l'accent circonflexe : ni votre maison ni la nôtre ne sont bien saines. Après avoir essayé les vôtres, essayez donc les nôtres. Notre cheval est moins vif, mais plus fort et moins ombrageux que le vôtre. D'où viennent donc ces enfants? Depuis quelque temps déjà on les appelle, on les cherche. Une foule de gens se montrent amis empressés et dévoués, tant qu'on n'a pas besoin d'eux; mais si ce besoin se déclare, on les appelle, on les cherche, mais on ne les trouve plus. Voyez comme la mère de ces oiseaux veille sur eux; s'ils s'éloignent trop, elle les arrête par des cris; s'ils s'exposent, elle les appelle par un cri d'effroi qui les effraye, et alors ils fuient, ils s'envolent. Voici, disait cette mère, quelle est ma règle avec ceux de mes enfants qui se montrent difficiles à conduire : s'ils désobéissent, je les gronde; s'ils recommencent, je les corrige. Le vin et l'eau mêlés ensemble ne causent jamais de mal; le vin pur, au contraire, attaque souvent et détruit quelquefois la santé. Le roi et la reine marchaient au milieu du peuple, et s'entretenaient avec la foule qui les entourait. Mon frère et moi leurs parlâmes, les entretînmes quelques moments.

51e LEÇON. — Il existe à l'égard des quatre conjugaisons des remarques particulières; ces remarques sont extrêmement importantes, elles sont essentielles. Je le délogeai du lieu où il s'était réfugié. Pressés par la faim, nous mangeâmes ce qui se présenta. Bien qu'il courût des dangers imminents, et qu'on insistât pour qu'il s'éloignât, il ne se dérangea nullement. Quoiqu'on le pressât de s'expliquer, bien qu'on l'y engageât, qu'on l'y forçât plutôt, il ne se prononça pas. Surtout ne vous écartez pas de la ligne que nous vous traçons. Mettez les accents sur les verbes des phrases suivantes : Cette femme sème la division partout où elle pénètre. Il pénétra jusqu'à eux. Il répète, nous répétons, je mènerai, je mène, nous menons, je révère, j'ai révéré, il enleva, tu enlèves, j'ai enlevé. J'achette, il répète, tu appelles, il renouvelle, je jetterai, il révélera, nous cachetterons, il décréta, il décrète, il rejette. Ils agréeront probablement cette proposition. Venez, cela vous récréera. Ces ressources furent créées en peu de temps. Il importe que vous lui envoyiez ces renseignements. Autrefois nous sacrifiions un temps précieux à des recherches que nous négligeons tout à fait aujourd'hui. Il faut que vous pliiez vos mauvais penchants, si vous ne voulez pas que plus tard ils vous maîtrisent. Il y a peu de temps encore que nous payions ces denrées fort cher. Ce malheureux jouera, je crois, jusqu'à son dernier sou. Je vous prierais de me faire cette commission, si je ne craignais d'abuser de votre complaisance. Je désire que vous réconciliiez ces deux amis. Voilà un événement qui créera bien des embarras. Nous employons, il emploie, il emploiera. Il importe que vous fuyiez ce pervers. Vous déployez, il déploie.

52e LEÇON. — Les remarques sur la seconde conjugaison sont peu nombreuses. Je le haïrais pour toujours s'il avait commis une aussi vilaine action. Haïssez le mensonge, je hais la duplicité, il hait la fraude. Il y a des infinitifs qui se terminent en *ir*, comme *partir*, et d'autres qui finissent en *ire*, comme *traduire;* faites-en la différence dans ceux qui suivent : éblouir, venir, nuire, redire, garantir, souscrire, avertir, écrire, produire, obtenir, reluire, maudire, survenir, vernir, vêtir, prescrire, confire. Il aurait dû se présenter lui-même; cette somme est due depuis longtemps. Est-il bien vrai qu'il ait mû ce fardeau à lui seul? Une machine mue par la vapeur. Mû par un sentiment de vengeance, il l'attendit et le frappa. Les verbes suivants sont-ils tous de la troisième conjugaison? apercevoir, revoir, boire, devoir, croire, concevoir, prévoir? Tous les verbes qui prennent un *d* à l'infinitif, comme *joindre*, *entendre*, *peindre*, conservent-ils cette lettre? Non, voyez votre règle et écrivez, il comprend assez bien ce que je lui dis. Je l'entends, je le poursuis, je l'atteins, je le prends et lui enjoins de me suivre. C'est une matière qui ne se dissout pas facilement. Je résous un problème assez difficile. Il résout toutes les questions qu'on lui soumet. Cette société a été dissoute, le roi a dissous les chambres. Bien qu'on le priât, qu'on le suppliât de ne pas persévérer dans cette résolution, il résista à tous les avis, et persévéra. Qu'on le prît par douceur ou qu'on lui parlât avec fermeté, on ne gagnait rien sur lui. Voilà la route qu'il suivit. Le général se retira à dessein dans certains lieux où il désirait que l'ennemi le suivît. C'est hier qu'il vint, mais il importait qu'il vînt plus tôt.

53e LEÇON. — Les verbes ont cinq temps où ils prennent l'accent circonflexe, mais seulement à certaines personnes. Nous nous assîmes, puis nous causâmes. Vous sortîtes, puis vous rentrâtes. Il fallait qu'il prît ce parti plus tôt. Voilà le parti qu'il prît. Quoiqu'il fît beau, nous ne sortîmes pas. Quoiqu'il parût fort, il avait peu d'énergie. Dès qu'il eut fini, il se retira; il eût fini de meilleure heure s'il n'eût pas perdu son temps. Quoiqu'il eût promis de revenir, nous ne le revîmes pas. Aussitôt qu'il eut appris cette nouvelle, il sortit. Il se fût formé plus promptement, il eût appris beaucoup plus de choses s'il eût été mis dans telle pension. Me retires-tu ta confiance? penses-tu que je sois indigne de ton amitié? parle, explique-toi. Souffres-tu moins aujourd'hui qu'hier? Lève-toi, promène-toi. Te décides-tu à faire ce voyage avec nous. Réfléchis et décide-toi. Nous avons vu qu'on trouve la dernière lettre d'un participe passé au masculin en se demandant comment fait ce participe au féminin. Écrivons donc 'ai promis, j'ai écrit, j'ai consenti, il a pris, il a réussi, il a omis, il a appris, tu as produit tu as construit, tu as remis. Une princesse aimée, chérie, adorée. Des vieillards honorés, bénis, estimés. Des capitaines enorgueillis de leurs succès. Des insectes détruits par le froid. Des constructions renversées par un ouragan.

54e LEÇON. — Quel bel aigle noir! Quel joli exemple d'écriture cursive! Quelle charmante enfant que votre petite nièce Eugénie! On aperçoit encore sur certains monuments de Paris les aigles impériales de Napoléon. Quelles gens que les hommes de cette famille! Voilà des gens fort polis. Quelle hymne chantera-t-on demain à l'église? Il y a certains hymnes nationaux que le retour des révolutions rappelle au souvenir des peuples. Voilà de belle orge, cette orge est bien levée; l'orge perlé sert à faire des tisanes rafraîchissantes. Les plaisirs de ce monde sont entourés de délices trompeuses. Oh! combien de Césars deviendront des Laridons. Quelles gens faux! quelles mauvaises gens que tous les membres de cette famille! Dieu seul est toute ma force et toute mon aide. Les Bossuet, les Massillon, et les Bourdaloue, sont nos premiers orateurs sacrés. Un Auguste aisément peut faire des Virgiles. Les Corneilles, les Racines, les Voltaires les Molières seront toujours rares. Un nombre infini de Romains qui n'avaient jamais craint la mort dans les batailles, manquaient de cet autre courage qui donna la terre à Auguste. Une infinité de jeunes gens se perdent par la lecture des mauvais livres. La plupart des riches sans naissance se montrent fiers et pleins d'arrogance, souvent encore ils sont brutaux et insolents. La foule des curieux se porta sur ce point. Une foule de curieux furent blessés. Le reste des ennemis s'échappa par des gorges inconnues à l'armée victorieuse.

55e LEÇON. — Les noms composés demandent une grande attention. Examinez bien de quelle espèce de mots sont les parties qui les composent. Si ces parties viennent d'une espèce invariable, elles restent invariables, quoiqu'elles entrent dans un nom : des *avant-scènes*. Les grands écrivains du siècle de Louis XIV seront pour nos arrière-neveux un objet d'admiration, comme ils le sont pour nous-mêmes. Les claires-voies pratiquées dans le mur du parc nous laissaient apercevoir de jolis jardins dont les plates-bandes étaient garnies de fleurs variées. Toutes les puissances de l'Europe entretiennent les unes chez les autres des consuls et des vice-consuls. La nécessité de toujours parler est le plus grand inconvénient des tête-à-tête. Donnez-moi des Davids et des Pharaons amis du peuple de Dieu, et ils pourront avoir des Nathans et des Josephs pour ministres. Quel bel exemple il nous donne par sa conduite ! quel bel exemple d'écriture anglaise ! Les anciennes hymnes de l'église ont le mérite de la simplicité. Il en est des livres comme des hommes : le petit nombre joue un grand rôle, le reste est confondu dans la foule. La multitude d'hommes qui environne les princes est cause qu'il n'y en a aucun qui fasse une impression profonde sur eux. Cet intendant s'est enrichi par les pots-de-vin. Le nombre des victoires remportées par ce général l'élève au rang des grands capitaines. Un nombre infini de soldats périrent dans cette affaire. Les coqs sont d'excellents réveille-matin. C'est une pièce où l'on entend les meilleures basses-contre et les plus belles basses-tailles de l'Opéra. Les Corneille, les Racine, les Boileau, les Voltaire, les Rousseau, ont illustré notre littérature.

56e LEÇON. — Cette leçon encore sera sacrifiée à vous fortifier sur les noms collectifs, sur les noms propres se transformant en noms communs, et sur les noms composés. Un officier ennemi se présenta en parlementaire à nos avant-postes. L'huile d'amande douce *ou* d'amandes douces est un spécifique contre certaines indispositions des jeunes enfants. On a osé mettre en question si le grand nombre d'hommes peut être nuisible à un État.

L'inspection des havre-sacs amena la découverte des soldats coupables. Les délices du cœur sont plus touchantes que celles de l'esprit. Les acquéreurs véritables ne se montrèrent pas; ils se firent représenter par des prête-noms. Oseriez-vous me condamner sur la foi de telles gens? Le plus grand nombre des animaux ont plus d'agilité, plus de vitesse, plus de force et même plus de courage que l'homme. Un nombre considérable de personnes se pressaient sur le passage de ce prince. Un nombre de cinq cents grenadiers fut formé avec des soldats tirés du centre. Les supérieurs des communautés avaient des passe-partout pour ouvrir toutes les portes. La plupart des peuples de l'Asie furent soumis à la puissance de Cyrus. C'est principalement en été qu'on voit les vers luisants. Nos soldats pleins d'enthousiasme chantaient des hymnes guerriers en allant au combat. Ce serre-papiers est un cadeau de mes enfants. Avez-vous retrouvé nos serre-tête? Napoléon adopta une aigle pour ses armes. J'ai deux pied-à-terre dans cette ville.

57e LEÇON. — Nous savons que, quand un adjectif se rapporte à deux noms singuliers, cet adjectif se met au pluriel : le frère et la sœur aimés, chéris de leur mère ; mais si ces deux noms étaient synonymes, c'est-à-dire s'ils signifiaient la même chose, l'adjectif ne s'accorderait qu'avec le dernier : c'est un homme d'une force de caractère, d'une énergie étonnante. Du vin et de l'eau mêlés font une boisson saine. Il apporte toujours une réserve, une retenue bien rare. Nous vîmes un cheval et une voiture renversés. Il met à tout ce qu'il fait une attention et une persévérance également remarquables. Saint Louis porta une couronne d'épines, nu-pieds, nu-tête, depuis le bois de Vincennes jusqu'à Notre-Dame. Je rentrerai dans une demi-heure, c'est-à-dire à quatre heures et demie. Cette jeune personne a été dotée de cinq mille francs de rente, non compris une certaine somme pour son trousseau. Nous étions quinze à table, ma petite fille non comprise. Tout le monde nous parut satisfait, une vieille femme exceptée. Tous ces fruits sont gâtés, quelques-uns exceptés. Nous partîmes cinq cents, mais par un prompt renfort, nous nous vîmes trois mille en arrivant au port. Vers l'an douze cent, Alexis fit crever les yeux à son fils Isaac et s'empara du trône de Constantinople. Le nombre des blessés et des morts s'élève à environ douze cents. Cette compagnie est composée de deux cent quatre-vingt-dix-sept hommes. La Banque de France n'a émis que des billets de cinq cents *ou* des billets de mille francs.

58e LEÇON. — Ce régiment souffrit tellement, qu'il se trouva réduit à huit cents soldats. Ces événements eurent lieu vers mil huit cent. Il faut être bon marcheur pour parcourir une étendue de quatre à cinq milles d'Allemagne en un jour. Il pouvait y avoir quatre-vingts personnes à cette réunion ; vous a-t-il rendu les vingt mille francs qu'il vous devait? — Les trois adjectifs *même*, *quelque* et *tout* présentent des difficultés. Voyez les règles de ces trois mots avant d'écrire ce qui suit. Quoiqu'on attendît beaucoup de monde, il ne vint que quelques personnes. Les bienfaits mêmes veulent être assaisonnés par des manières obligeantes. Cette personne toute belle, tout aimable qu'elle est, ne me plairait pas. L'humidité m'a gâté quelques livres. Quelle que soit l'attention que je porte à ces travaux, il m'échappe encore quelques imperfections. Il brûlait toutes les lettres qu'il recevait de ce pays, excepté les vôtres. Dans cette circonstance, il a montré une ténacité, une opiniâtreté invincible. Quelque méchants que soient les hommes, ils n'osent paraître ennemis de la vertu. Cette pauvre femme, rougissant et baissant les yeux, resta toute surprise, tout étonnée, tout interdite. Non-seulement nous ne devons pas fréquenter les impies, nous devons même les éviter avec soin. Par l'adulation, les vices des grands se fortifient, leurs vertus même se corrompent. Quelque bonne que soit la tête, elle ne peut presque rien contre le cœur. C'est à eux-mêmes que je parlai. Tous ces enfants sont intéressants ; ils sont tout attentifs, tout à la chose qui les occupe. Cette maison a coûté quatre-vingt mille cinq cents francs, les dépenses y comprises. Il est toujours permis de poursuivre les méchants, leurs noms, leurs cendres même.

59e LEÇON. — Aujourd'hui encore cette dame est tout aussi fraîche que dans son printemps ; comme autrefois encore, elle est tout obligeante, toute gaie, tout aimable. Ces hommes que nous jugions, que nous croyions grossiers et ignorants, étaient tout aimables, tout affables, tout instruits, tout complaisants. Les ennemis, au nombre de deux mille, furent repoussés par huit cents de nos braves. Le Panthéon et le Louvre sont des chefs-d'œuvre d'architecture. La foule des combattants se porta sur ce point. Une foule de fautes déparent les ouvrages de cet auteur. Les Turenne, les Condé, les Duquesne, les Jean Bart ont illustré nos armes. La grandeur et la bonté infinie de Dieu se montrent partout. Elles rentrèrent tout affligées, toutes consternées. Quelques ressources que vous ayez dans l'esprit, quelque vives que soient vos reparties, si vous êtes railleur, vous ne serez point aimé dans la société. Cette jeune personne est restée toute honteuse, tout émue, tout humiliée de s'être exprimée comme elle l'a fait. Cette bataille se livra vers huit cent. Nous y étions à peu près huit cents. Tous prirent une part active au combat : les soldats, les officiers, les généraux même étaient dans la mêlée. Quelques personnes amies de votre père nous racontèrent ce fait. Nous restâmes tout interdits et nos dames tout éplorées, toutes désolées à cette terrible nouvelle. Auguste gouverna Rome avec une égalité de caractère, une douceur soutenue, à laquelle il dut le pardon de ses anciennes cruautés.

60e LEÇON. — Nous savons que quand un verbe a deux sujets singuliers, on met ce verbe au pluriel : le maître et l'élève *s'aiment* mutuellement. Mais si ces deux sujets étaient synonymes, c'est-à-dire s'ils signifiaient la même chose, le verbe ne s'accorderait qu'avec le dernier. Le courage, l'intrépidité d'Alexandre étonnait les plus braves même de sa propre armée. Est-ce vous ou votre frère qui payerez? La religion seule peut nous rendre grands au milieu de nos malheurs mêmes. L'illustration de cette famille date de onze cent. Nous y étions au nombre d'à peu près onze cents. Le feu et l'eau se détruisent l'un l'autre. — Ne me trompé-je pas en vous appelant mes nièces ? Non, monsieur, nous les sommes. Les vers à soie nous viennent de la Chine. Les avant-postes de l'ennemi furent culbutés. Il y a trois mois et demi qu'il est parti ; ceci pèse six livres et demie. C'est Cicéron ou Démosthène qui a posé ce principe. La ruse est l'attribut du renard, et la force le propre du lion ; l'une et l'autre sont indignes de l'homme. Ni l'une ni l'autre de ces dames n'est celle à laquelle j'ai parlé. Quels que soient les moyens qu'il emploie, quelque réfléchies et bien combinées que soient ses résolutions, il ne réussira pas. Une infinité de personnes se plaignaient de cette mesure, quoiqu'elle dût produire le plus grand bien. La hardiesse, l'audace de ce guerrier, le rendait redoutable.

Ni l'un ni l'autre de ces généraux n'aura le commandement de l'armée. Ni l'un ni l'autre ne sont arrivés. Les arrière-boutiques de Paris sont la plupart étroites, obscures, malsaines. La poudre à canon commença à être commune vers l'an mil trois cent quatre-vingt.

Récapitulation générale des principes dont l'application a été faite jusqu'ici, c'est-à-dire depuis la 1re *leçon jusqu'à la* 61e.

61e LEÇON. — Avant de passer à l'emploi des temps du subjonctif et aux règles des participes, nous allons revenir encore une fois sur toutes les règles dont nous avons fait l'application jusqu'ici. Apportez donc la plus grande attention aux sept leçons suivantes où il ne figurera aucun numéro qui vous reporte aux principes, ces principes devant être actuellement à peu près fixés dans votre esprit. Nous remontâmes la Seine dans un bateau à vapeur. L'or et l'argent sont les métaux les plus précieux. Voilà de jolis cadeaux. Les végétaux de ces contrées croissent plus vite et deviennent plus grands, plus forts que les nôtres. Ces sortes de voitures s'appellent des landaus. Quoique jeune encore, elle perdit tous ses cheveux. Voilà mon neveu. Ce chemin est plat, mais raboteux; celui-ci est uni, mais montueux. Elle tenait ses enfants sur ses genoux et les accablait de baisers et de caresses. Que contiennent donc ces deux bocaux? Avez-vous loué tous vos locaux? Je possède la règle des noms terminés en *aux :* un chapeau, des maréchaux, des journaux, des rideaux. Je ne confonds pas la règle des noms en *eu* avec celle des adjectifs en *eux;* le nom ne prend l'*x* qu'au pluriel, tandis que l'adjectif le prend toujours. Mon neveu est paresseux. Ce lieu est dangereux. A quarante ans j'avais encore mes deux aïeuls. Avez-vous déjà planté vos ails *ou* vos aulx. Il m'est facile d'écrire correctement les adjectifs au masculin ; en voici quelques-uns où je ne laisserai pas de fautes : prompt, satisfait, rond, précis, confus, indécis, premier, plat, gris, singulier, noir, bis, dur, étroit, petit, léger, soumis, chagrin, prochain, obscur, voisin, certain. Des jeunes personnes zélées, assidues, appliquées. Des monuments construits avec célérité. Des auteurs profonds et consciencieux.

62e LEÇON. — Il y a des adjectifs terminés en *el*, d'autres en *al ;* la formation féminine de ces adjectifs est différente : il faut écrire, un bruit confus et continuel, des chaleurs continuelles et excessives. Telle est mon occupation habituelle, des prairies artificielles, des renseignements essentiels. Cette guerre nous fut fatale, leurs forces étaient égales. Soyons toujours fidèles à nos promesses. Son talent fait sa principale ressource. Quant aux adjectifs qui se terminent par *f*, comme veuf, bref, vif, rétif, fugitif, ils font au fém. veuve, brève, vive, rétive, fugitive. Il y en a quelques-uns dont la formation féminine s'éloigne des règles générales ; par exemple : franc, grec, turc, caduc, public, long, tiers, malin, bénin, font au féminin : franche, grecque, turque, caduque, publique, longue, tierce, maligne, bénigne. Ainsi j'écrirai un fonctionnaire public, une place publique, un bonnet grec, la littérature grecque. Et si l'adjectif se rapportait à deux noms, je mettrais cet adjectif au pluriel : du papier et un livre gâtés, une plume et de l'encre mauvaises. L'âne et le cheval utiles. Je sais faire aussi la différence qu'il y a entre *ses* et *ces* : J'ai passé ces deux derniers mois chez mon frère, au milieu de ses enfants. J'y ai vu toutes ses connaissances, tous ses amis.

Il est difficile de dire combien ces sortes de séjours donnent d'agrément, et combien encore ils fortifient la santé. Ce cocher n'a pas soin de ses chevaux; outre qu'il les soigne peu, il les nourrit mal; il les frappe avec brutalité. *Leur* et *leurs* ont aussi une règle facile à appliquer : tous leurs parents désapprouvent leur conduite. Il leur ramena leurs chevaux bien fatigués. Je leur parlai de leurs principaux amis; et ce que je leur en dis leur fit grand plaisir. Leurs travaux s'avancent-ils? *Notre* et *votre* prennent quelquefois l'accent circonflexe; si le vôtre ne suffit pas, prenez aussi le nôtre. Telles furent leurs dernières paroles, tel fut notre dernier mot.

63e LEÇON. — L'accord du verbe avec le *sujet* est une des principales règles de la grammaire. Venez, je vous en supplie. Votre ami reçoit fréquemment des nouvelles de ce pays. C'est une science à laquelle il sacrifie toutes ses facultés, à laquelle il emploie tout son temps. Il n'a pas compris cet ordre. Dès qu'il eut consenti à cette proposition, toute difficulté disparut. Ne confondez pas les temps simples avec les temps composés. Il nous a promis de venir, et en effet il est venu. Il partit quelques jours avant votre arrivée. Est-il parti? Il nous le promit, mais il ne tint pas parole. Bien qu'on les visite, on ne les aime ni on ne les estime. Quoiqu'il voilât, quoiqu'il cachât ses intentions, on le devina, on le pénétra. Je vous rappellerai que la seconde personne de l'impératif s'écrit comme la première personne du présent de l'indicatif; mais dans les phrases suivantes, le verbe est-il toujours à l'impératif? Non. Ainsi réfléchissez. Le pries-tu de nous répondre promptement? Lui confies-tu tes intérêts? Approche-toi de tes amis, réconcilie-toi avec eux. Recueilles-tu quelques fruits de tes immenses travaux? Restes-tu? pars-tu? décide-toi. Le feu et l'eau se détruisent l'un l'autre. Le jour et la nuit se succèdent. Le berger et la bergère chantent et rient. Mon frère et moi arrivâmes à cinq heures du soir. Vous, mon fils et moi partirons ce soir, si vous le voulez. Il persista dans cette résolution, quoiqu'on lui représentât qu'il pourrait en résulter sa ruine totale; et en effet, c'est ce qui arriva. Il remit ce voyage à une autre époque. Il nous remit vos lettres et se retira.

64e LEÇON. — Il existe plusieurs remarques très-essentielles relativement à la première conjugaison. Il faut écrire nous mangeons, il perça. Faut-il l'accent grave ou l'accent aigu dans il espère, nous espérons, tu répètes, vous répétez, il répète, nous répétons? Mettrez-vous quelque accent dans semer, peser, mener; je sème, tu sèmes, nous semons, vous semez, je pèserai, je mènerai, nous pesons, nous menons, nous pèserons, je menai, je pesai? Ne faut-il que l'accent aigu dans répéter, empiéter, végéter : il empiète, tu répètes, qu'il végète? Écrirez-vous avec un *l* ou seulement avec un *t* tous les verbes suivants : acheter, cacheter, jeter, feuilleter, renouveler, appeler, niveler, il achette, il répète, je cachetterai, je feuilletterais, je renouvellerai, tu appelles, qu'il révèle, je répéterais, tu jetterais, il amoncelle, tu empiètes, qu'il achète, il recèle? Écrivez-vous avec *y* ou avec *i*, il déploie, il envoie, il emploiera, nous déployons, ils croient? Apercevez-vous une différence entre les deux lignes suivantes :

Aujourd'hui nous employons, nous rions, nous prions;

Et *hier nous employions, nous riions, nous priions?*

Je vous supplierai de penser à cela. Si vous lui teniez un tel langage, il vous congédierait sans vous adresser un mot. Continuerez-vous à voyager? Si vous vous absentez, votre fils vous suppléera. S'il agrée cette proposition, je regarde cette affaire comme terminée.

65e LEÇON. — J'ai pris à tâche d'accumuler dans la leçon précédente des questions qui ont dû rappeler à votre esprit toutes les règles établies sur les verbes terminés en *er*. Le cas de faire l'application de ces règles va se présenter de nouveau; efforcez-vous donc de maîtriser ces difficultés. Il n'est rien que nous oubliions plus promptement que nos malheurs passés, rien qu'en général nous enviions plus que les honneurs et la fortune. Quand me payeras-tu donc ce que tu me dois? Cet événement me rappelle des malheurs dont je rejette le souvenir autant que je le puis. Il est bien difficile que nous conciliions nos devoirs avec le goût des plaisirs. En votre présence il avouera, en votre absence il niera. Les riches, en général, se persuadent que le talent s'achette comme une étoffe. Voilà un acte qui révèle tout son caractère. Si vous rejetez cette offre, d'autres l'agréeront. Ces désordres ne se renouvelleront plus. Souvent le crime se décèle de lui-même. Nous connaîtrions bien mieux la nature, si nous l'étudiions dans ses merveilles et non dans les livres. Ce fait leur révèle le secret de leur force. Il ne faut pas qu'ils croient que nous employons d'autres moyens que ceux qui se concilient avec la plus rigoureuse probité. Nous projetons de partir bientôt. Il importe que vous ne vous liiez qu'avec d'honnêtes gens. L'envie décèle la médiocrité. Ces nuages s'amoncellent dans le lointain.

66e LEÇON. — A cet aspect, des impressions qui semblaient effacées de ma mémoire, se renouvelèrent. Le retour du printemps renouvelle toute la nature. Autrefois nous payions le poivre extrêmement cher, maintenant nous le payons bon marché. Il importe que vous le voyiez bientôt, car sous peu de jours il s'expatriera. Il faut, après quelques heures de travail, que les enfants se récréent. Ce spectacle effraye les hommes les plus froids même. Nous vous appuierons dans cette démarche. N'essayera-t-il donc pas de sortir de cet état? Il faut que vous payiez immédiatement. Quoique âgé, il jouera, il rira comme les autres. Les succès couvrent les fautes, les revers les rappellent. Pourquoi ne continueriez-vous pas à le consulter? pourquoi ne vous fieriez-vous pas en ses lumières? Dans vos intérêts, je désire que vous lui envoyiez vos titres, et que vous le priiez de les examiner avec soin. J'appelle projet bien conçu celui dont toutes les parties ont entre elles une correspondance étroite et nécessaire, et dont toutes les roues, si nombreuses qu'elles soient, dépendent d'un seul ressort. Pourquoi vous défieriez-vous d'un homme dont les antécédents sont si honorables? Quoique vos réclamations soient fondées, ne vous jetez pas inconsidérément dans un procès. Les verbes suivants appartiennent-ils tous à la seconde conjugaison : définir, détruire, cuire, démentir, transcrire, éblouir, construire, séduire, prévenir, traduire, punir, élargir? — Devoir, prévoir, apercevoir, boire, revoir, croire et émouvoir sont-ils tous de la troisième conjugaison? Écrirez-vous avec *d* ou avec *t* : il enfreint, il rejoint, je crains, je peins, je prends, je comprends, il attend, il s'abstient, il résout, il peint? Nous avons dissous notre société. Bien que ce témoignage accablât l'accusé, il ne se déconcerta pas, il ne se troubla pas.

67e LEÇON. — Il est facile de trouver la dernière lettre d'un participe au masculin. J'écrirai ainsi les participes détruit, soumis, ébloui, joui, peint, aperçu, appris, conçu, prédit. Il importe que vous croyiez aux exhortations de votre oncle, que dès ce jour vous fuyiez une société aussi dangereuse, et que désormais vous vous défiiez de ces apparences trompeuses, de ces moyens souvent calculés, afin d'attirer ceux que l'on veut perdre. Je crains Dieu, et après Dieu, je crains principalement celui qui ne le craint pas. Voilà un trait de générosité que tout le monde appréciera. Mettez l'accent circonflexe sur ceux des verbes suivants qui le prennent. Le voyage qu'il fit, il importait qu'il le fît plus tôt. Dès que nous nous aperçûmes, nous nous jetâmes l'un dans les bras de l'autre. Nous sortîmes dès que nous eûmes fini. Quoi qu'on fît, quoi qu'on dît, quelque conduite que l'on tînt à son égard, il n'était jamais ému. Voici ce qu'il dit et ce qu'il fit. Il vous eût parlé, s'il vous eût reconnu. Aussitôt qu'il eut parlé, nous le reconnûmes. S'il se fût présenté il y a quelques jours, il eût obtenu ce qu'il demandait. Croyez-vous qu'alors il appartînt à ce corps et qu'il fût encore au service? Ceci lui appartint jusqu'au moment où il en fut dépossédé par ses créanciers. Sans ce cas fortuit, je ne pense pas qu'il eût réussi. Je doute, s'il eût connu cette circonstance, qu'il se fût décidé, qu'il eût jamais consenti à un tel arrangement. Quoiqu'on le représentât comme un homme dur et inhumain, il me reçut avec politesse, et m'écouta avec émotion.

68e LEÇON. — Cette leçon roulera sur le chapitre intitulé *Remarques particulières*. Vous vous rappellerez qu'on trouve la manière d'écrire une foule de mots en consultant leurs dérivés. Ainsi *rebuter* et *débuter* annoncent un *t* à la fin des mots *rebut*, *début*. Son récit nous charma, et nous l'engageâmes à le continuer; son entretien nous dédommagea de l'ennui que l'on éprouve ordinairement durant la traversée. Le chêne est l'emblème de la force. Il se distingua dans tous les combats où le hasard le fit trouver. L'abus du pouvoir énerve les gouvernements. Il fut sensible à ce refus, à ce mépris, aussi s'en vengea-t-il quand l'occasion s'en présenta. Dès qu'il se fut aperçu de l'erreur, il recommença son travail. Vous savez dans quel cas s'emploie le trait d'union : suis-je venu trop tard? est-il parti? Ces objets lui appartenant, remettez-les-lui. Puisqu'ils font si peu de cas de ces livres, donnez-les-nous. J'irai vous voir ces jours-ci, cette semaine-ci, ce mois-ci. Vous en rapporterez-vous, vous fierez-vous à cet homme-là? Bien qu'il fût lourd quand il vint dans cette ville, il se forma vite, il se façonna bientôt. Tout en le menaçant, il lui lançait des regards terribles où se peignait le désir de la vengeance. Son air naïf et spirituel intéressait en sa faveur. Cette ordonnance enfreint les lois existantes. Il vous réjouira, il vous égayera par ses saillies spirituelles et son caractère enjoué. Il ne rejettera probablement pas cette proposition. Nous vous appuierons dans cette démarche.

69e LEÇON. — Il y a des beaux esprits de deux sortes : ceux qui le sont effectivement, et ceux qui croient l'être et qui ne le sont pas. Les croisées de cette prison sont garnies d'abat-jour. Tous vos parents assistaient à cette cérémonie, votre frère et votre sœur exceptés. Il y avait trois cents personnes à cette réunion. La comète de mil huit cent onze demeura visible pendant plusieurs mois. Mes deux aïeuls ont vécu chacun quatre-vingts ans. Leurs longs tête-à-tête ont fait penser qu'il y avait eu concert entre eux. Les meilleurs princes eux-mêmes, pendant qu'ils ont une guerre à soutenir, sont souvent contraints de faire des actes répréhensibles et quelquefois les plus grands maux même. Elle resta toute surprise, tout étonnée, quand elle s'aperçut de sa méprise. L'adversité, l'infortune, les larmes même ont leurs agréments. Chacun doit aimer son semblable, veiller sur ses besoins, les prévenir même. En général, les demi-savants sont insupportables. Les escaliers de sa maison sont de vrais casse-cou. Si une foule de voyageurs attestent ce fait, un grand nombre le nient. On estime sa terre huit cent quatre-vingt mille francs, la forêt non comprise. Nous étions vingt à table, non compris vos deux petites filles. Tel qui cachait son âge à quarante ans, l'augmente à quatre-vingts. C'est un homme double, et dont il faut craindre les arrière-pensées. Il ne faut jamais rester nu-pieds sur le carreau. Il est resté les pieds nus et nu-tête, aussi s'est-il enrhumé. Quels que soient les chicanes et les embarras qu'on lui suscite, quelque cachées que soient les manœuvres de ses adversaires, il ne succombera pas.

70e LEÇON. — Toute belle, tout aimable, tout instruite qu'est cette jeune personne, je ne me plais pas dans sa société. Quels que soient nos efforts, quelles que soient nos instances pour l'amener à des résolutions plus sensées, nous n'y parvenons pas. Une infinité de personnes se plaignaient. L'infinité des perfections de Dieu surpasse notre intelligence. Tout à coup la multitude des curieux se porte sur ce point et s'y presse. Connaissez-vous les chefs-d'œuvre de cet artiste? De distance en distance, on aperçoit des garde-côtes. Il ne faut pas s'en rapporter à des ouï-dire. Toutes les plates-bandes de son jardin sont ornées de fleurs. La plupart de ces maisons sont de briques. De nos jours, les montres d'or sont aussi communes que les montres d'argent. Nous mangeâmes de bonne soupe, de bon pain, d'excellent bœuf, et on nous servit de bon vin et de beaux fruits. Moïse a écrit les œuvres de Dieu avec une exactitude et une simplicité qui attirent la croyance et l'admiration. Ni le talent ni le travail ne suffisent seuls pour faire fortune, il faut du bonheur. Ni l'un ni l'autre de ces messieurs n'est celui à qui j'ai parlé. Quelque rusées que soient ces personnes, elles ne le sont pas assez pour qu'elles puissent nous tromper. — Ce furent ces dames qui s'opposèrent à cette conclusion. C'étaient vos sœurs qui les engageaient à résister ainsi. Si nous envoyons le chercher, il viendra. Si vous envoyiez le chercher, il viendrait. Bien que vous voyiez qu'ils vous trompent, vous ne vous éloignez pas de telles gens!

Exercices sur les temps du subjonctif.

71e LEÇON. — Pour laisser aux élèves le mérite d'appliquer eux-mêmes les règles relatives aux temps du subjonctif, je ne leur donnerai que l'infinitif du verbe qui tombe dans ces règles. Or, cette phrase,

Je doute qu'il PARTIR *demain*, devra être rendue par,

Je doute qu'il PARTE *demain.*

Il faudra faire de même pour toutes les phrases suivantes. Je ne pense pas que cet homme *soit* aussi riche ni qu'il *ait* autant d'instruction qu'on le dit. Je doute que votre ami *arrive* demain comme il vous l'a écrit. Pensez-vous que votre protecteur *soit* chez lui dans ce moment, et qu'il *veuille* nous accompagner? Il importe que nous *sachions* à quoi nous en tenir à ce sujet, et que dès maintenant nous *prenions* des mesures pour que nos intérêts ne *soient* plus compromis; et si, dès le principe, nous eussions exigé que l'on nous *communiquât* tous les engagements, que l'on nous *tînt* au courant de tout, nous ne serions pas dans cet embarras. Personne ici ne pense que cette affaire *vaille* la peine d'être suivie, ni que quelqu'un *veuille* l'entreprendre. Il importait que vous *fissiez* cette démarche plus tôt, et que vous n'*attendissiez* pas un moment où il y a peu à espérer qu'elle *réussisse*. On lui attribue des propos malveillants à votre égard, mais je ne crois pas qu'il les *ait tenus*: mes relations d'amitié avec lui me font désirer que vous *preniez* à cet égard des renseignements qui *puissent* vous faire connaître la vérité. Les uns étaient d'avis qu'on *passât* d'abord chez vous, qu'on *revînt* par ici, et qu'on *prît* votre ami en dernier lieu; mais quelqu'un fit remarquer qu'il valait mieux que nous nous *assemblassions*, que nous nous *réunissions* chez moi.

72e LEÇON. — Il importe, mon cher fils, que vous *sentiez* le prix du temps et que vous l'*employiez* à votre instruction. Caligula exigea que les Romains lui *rendissent* des honneurs. Il veut que j'*aille* et même que nous *allions* tous les remercier. Je ne pense pas que vous *arriviez* assez tôt, si vous ne prenez une chaise de poste. Il était juste que vous les *dédommageassiez* de leurs peines et de leurs soins. Je doute que votre cousin *voie* de telles gens et qu'il les *fréquente*, quand il n'aura plus rien à démêler avec eux. Il n'est pas certain que ces messieurs *veuillent* nous accompagner ni qu'ils le *puissent*. On s'est servi d'écorces d'arbres ou de peaux pour écrire avant que le papier *fût* en usage. Il n'a agi ainsi qu'afin que vous *crussiez* qu'il vous donnait la préférence, et pour que vous *conclussiez* plus promptement ce marché. Lycurgue, par une de ses lois, avait défendu qu'on *éclairât* ceux qui sortaient le soir d'un festin, afin que la crainte de ne pouvoir rentrer chez eux les *empêchât* de s'enivrer. Est-il probable qu'il *consente* à une proposition si opposée à ses intérêts? n'est-il pas plutôt à craindre qu'il ne *soit* plus exigeant que dans le principe? Avant de vous lier, je désirerais, mon ami, que vous *sussiez* de votre oncle ce qu'il pense de cette affaire, et que vous me *donnassiez* avis de son opinion. Dieu juste! serait-il vrai que tu *visses* avec indifférence le crime triomphant et la vertu souffrante? Je ne permettrai pas que vous *envoyiez* rien chercher pour nous.

75e LEÇON. — Il faudrait que celui qui parle se *mît* à la portée de ceux qui l'écoutent, et que celui qui écrit *eût* le dessein de se faire comprendre de ceux qui lisent ses ouvrages. Je ne pense pas que tu *visses* ces personnes ni que tu les *fréquentasses* si tu les connaissais mieux. Il vaudrait mieux, mon fils, que vous *perdissiez* la vie que de perdre votre honneur. Je doute qu'il le *fasse* si on ne l'y contraint. Je doute qu'il le *fît* si on ne l'y contraignait. Je pense que vous *devez* prendre ce parti de préférence, mais je ne pense nullement qu'il *soit* de vos intérêts de temporiser. Que vous *jouassiez* la rouge ou la blanche, vous perdiez également la partie. Sparte était sobre avant que Socrate *louât* la sobriété; avant qu'il *louât* la vertu, la Grèce abondait en hommes vertueux. On craignait alors qu'il ne *survécût* pas à ses blessures. Qu'il le *fît* de bonne grâce, qu'il le *voulût* ou qu'il s'y *refusât*, rien n'empêchait que les choses n'*eussent* leur cours. Qu'il le *veuille* ou qu'il s'y *refuse*, cela nous est indifférent. Je ne croirai pas qu'il *eût raison*, lorsqu'il soutenait que.... Comme il était poli avec tout le monde, il aimait qu'on le *fût* à son égard. J'étais si loin de croire que cette affaire *valût* la peine d'être suivie, que je ne pensais pas que personne *voulût* l'entreprendre. Trajan avait pour maxime qu'il fallait que ses concitoyens le *trouvassent* tel qu'il eût voulu trouver l'empereur, s'il eût été simple citoyen.

74e LEÇON. — Quelques honneurs qu'il *ait obtenus*, il est constamment resté le même. Quoique vous *vissiez* cette famille, que vous *vécussiez* dans une certaine intimité avec elle, vous étiez loin de soupçonner qu'elle *eût* de semblables arrière-pensées. Il y a peu de rois qui *sachent* chercher la vraie gloire. Bien qu'on lui *montrât* la nécessité de travailler, qu'on lui *fît* voir que sa fortune exigeait qu'il *s'instruisît*, il n'était ni plus actif ni plus appliqué. Cette affaire, il est vrai, leur a été avantageuse; mais sans les conseils de votre oncle, pensez-vous qu'ils *eussent réussi* si complétement? n'est-il pas probable au contraire qu'ils *eussent échoué?* Je n'assurerai pas que votre ami se *trouvât* parmi ces jeunes gens, mais je crus entendre sa voix. Il est à craindre qu'il *n'accepte* pas cette offre, si vous paraissez le presser. Encore que les rois de Thèbes *fussent* les plus puissants de tous les rois de l'Égypte, jamais ils n'entreprirent sur les dynasties voisines. Le procès de votre frère a dû se terminer hier, je souhaite qu'il *l'ait gagné*. Je doute qu'il *fît* de telles propositions, si quelques raisons cachées ne l'y poussaient. Si vous aviez suivi votre régime, je ne pense pas que vous *souffrissiez*, il serait bon que vous *revissiez* votre docteur, et que vous *exécutassiez* plus exactement ce qu'il ordonnera : vous vous plaigniez, lors de ma maladie, que je ne me *conformasse* pas à ce qui m'était prescrit, et cependant il s'en faut beaucoup que je *fisse* si peu de cas des avis qu'on me donnait.

75e LEÇON. — Si les hommes étaient sages, et qu'ils *suivissent* les lumières de la raison, ils s'épargneraient bien des chagrins. J'avais à craindre que ces messieurs ne *fissent* des démarches qui *nuisissent* à vos intérêts, et que tout ne *devînt* plus difficile encore ; comme vous, je désirerais que les choses *allassent* lentement, et qu'elles *parvinssent* en quelque sorte à leur maturité. Nous lui donnâmes ces informations, afin qu'il *prît* des mesures qui se *conciliassent* tout à la fois avec ses intérêts et avec ses devoirs. Pensez-vous qu'il *fût* chez lui quand nous nous y présentâmes? c'est un homme qui affecte de prendre vos intérêts, afin que vous les lui *confiiez* absolument. Les Romains ne voulaient point de batailles hasardées mal à propos, ni de victoires qui *coûtassent* trop de sang. A moins qu'on ne le *forçât*, qu'on ne le *contraignît*, il ne travaillait jamais. A moins qu'on ne le *punisse*, à moins que nous ne le *châtiions*, il ne s'occupe nullement. La fermeté de son caractère me faisait douter qu'il se *conformât* à une telle injonction, à quelque moyen qu'on *recourût* du reste. Les cabanes des premiers hommes ne prouvent pas qu'ils *manquassent* de goût; elles témoignent seulement qu'ils manquaient des règles de l'architecture. Cet homme, tout petit qu'il était, avait une force extraordinaire; les fardeaux ne semblaient pas le charger, quelque pesants qu'ils *fussent*. Il n'y a rien qui *fasse* du bien, qui *rafraîchisse* le sang comme une bonne action. Nous avons eu sa visite, il est vrai, mais je ne pense pas qu'il *fût venu* nous voir, s'il n'avait eu quelque chose à nous demander.

76e LEÇON. — C'était pour nous un affligeant spectacle de voir périr ces malheureux sans qu'il nous *fût* possible de leur porter des secours. Je voudrais qu'on *choisît* tellement les sociétés d'un jeune homme, qu'il *pensât* bien de ceux qui vivent avec lui, et qu'on lui *apprît* à si bien connaître le monde, qu'il *pensât* mal de tout ce qui s'y fait de répréhensible. Il faut qu'il *sache* que l'homme est naturellement bon, qu'il le *sente*, qu'il *juge* de son prochain par lui-même ; il importerait encore qu'il *vît* comment certaine société déprave et pervertit les hommes. La religion est toujours le meilleur garant qu'on *puisse* donner des mœurs d'un homme. Si je savais qu'il *fût* absent, je différerais ce petit voyage. Je ne puis croire qu'il *puisse* y avoir une véritable amitié entre des personnes qui ne sont pas vertueuses. Il n'y a point d'homme, quelque mérite qu'il *ait*, qui ne *fût* très-mortifié, s'il savait tout ce qu'on pense de lui. Il faudra, mon cher ami, que vous *soyez* circonspect, que vous vous *absteniez* de parler de votre projet, de crainte que quelqu'un *n'aille* au-devant, et que vous ne vous *trouviez* trompé dans votre attente. Dernièrement il vous a plu de découvrir vos résolutions à tout le monde, quand il devenait nécessaire, non-seulement que vous vous *abstinssiez* d'en parler, mais encore que vous *montrassiez* une sorte d'indifférence pour cette affaire : il serait étonnant que vos concurrents ne *missent* tout leur zèle à vous nuire, et qu'ils ne *parvinssent* à vous enlever tous les avantages que vous vous promettez. L'homme, pour qui tout renaît, serait-il le seul qui *mourût* pour ne jamais revivre ?

77e LEÇON. — Sa force était telle, qu'il ne trouvait rien qu'il ne *mût*, rien qu'il ne *transportât* d'un lieu à un autre. Nous lui avons donné ces informations, afin qu'il en *parle* à son avocat avant que son procès se juge. La religion nous élève au-dessus de nos passions, et c'est le plus haut degré de gloire où l'homme *puisse* ici-bas atteindre. Nous avions ignoré jusqu'à ce jour qu'il *eût contracté* l'engagement qui l'a ruiné, et qu'il se *fût jeté* dans des spéculations aussi incertaines. Votre père se plaint avec raison que pendant les deux derniers mois vous *n'ayez fait* presque aucun progrès dans votre musique. Non-seulement ils demandaient un homme qui *prît* sur lui toutes les chances, mais encore ils auraient voulu établir des conditions telles, qu'en cas de réussite il ne *restât* rien à celui qui aurait tout fait pour que le résultat *fût* avantageux ; aussi ne se présenta-t-il personne qui *voulût* de leurs offres. L'étude contribue à faire aimer la vertu ; c'est la plus grande consolation qu'on *puisse* avoir dans la vieillesse. Je ne crois pas qu'il *entreprenne* cette affaire si votre père ne l'aide. — Je doute encore qu'il *eût embrassé* des spéculations si importantes si quelqu'un ne lui en *eût facilité* les moyens. Je suis si loin d'approuver votre vivacité, que je trouve au contraire fort mal que dans votre dernière discussion vous *ayez froissé* ainsi l'amour-propre de votre adversaire. Sans cette circonstance imprévue, et qu'ils n'attendaient pas eux-mêmes, pensez-vous qu'ils *eussent réussi* si complétement? n'est-il pas plus probable qu'ils *eussent échoué ?*

78e LEÇON. — Si ignorants qu'ils *soient*, ces campagnards savent telle chose que tel savant ignore. Vous lui demandez un service, mais je doute qu'il *veuille* et même qu'il *puisse* vous le rendre. Voilà les seules ressources que j'*aie*, les seules choses dont je *puisse* disposer. Je ne pouvais comprendre qu'il *eût* des prétentions si élevées. Pour que je *prisse* plaisir à vos louanges, disait l'empereur Julien à des courtisans qui vantaient sa justice, il faudrait que vous *osassiez* dire le contraire s'il était vrai. Pensez-vous qu'alors il *possédât* les moyens d'exécuter cette entreprise, et qu'il y *pensât ?* A en juger à la vanité de cet homme, il semble qu'il *soit* d'une autre nature que les autres. — Vous semble-t-il que ce jeune homme *ait* les dispositions nécessaires pour l'état auquel on le destine? S'il vous semblait que mon style *fût* incorrect ou obscur, soyez assez obligeant pour l'indiquer en marge de mon manuscrit. Ses distractions sont telles, que je doute qu'il vous *suivît*, qu'il vous *écoutât*, bien qu'il *eût* de puissantes raisons pour être attentif. Épaminondas ayant été blessé à la bataille de Mantinée, ne permit pas qu'on *arrachât* le fer de sa blessure avant qu'il *eût reçu* des nouvelles de la victoire. A en juger à son air triste, je ne pense pas qu'il *ait réussi* dans les démarches qu'il a faites. De peur qu'il ne *bût* sans réserve, et qu'il ne lui *survînt* encore quelque indisposition, on ne lui laissa que ce qu'il était nécessaire qu'il *prît*. Tout pesant qu'il paraît, il ne laisse pas que de raisonner fort juste.

79e LEÇON. — Rome, toujours ferme dans ses principes, avait fermé l'oreille à ces plaintes, toutes justes, toutes fondées qu'elles *étaient*. Soit qu'ils le *prissent* par la douceur, soit qu'ils le *menaçassent*, qu'ils le *reçussent* froidement ou qu'ils *vinssent* au-devant de ses désirs, les parents de cet enfant ne gagnaient rien sur son caractère. Il est aussi difficile de trouver un homme vain qui se *croie* assez heureux, qu'un homme modeste qui se *croie* trop malheureux. Si vous ne l'eussiez aidé de vos conseils, je doute qu'il *eût surmonté* les difficultés qu'il avait à vaincre, et que ses bénéfices *eussent été* aussi considérables. Combien n'a-t-il pas dû craindre que vous n'*entreprissiez* le voyage que vous aviez projeté, ou que vous ne *cessassiez* de le guider? Il y avait peu de personnes qui *sussent* ce qui s'était passé. On lui a fait cette concession, afin qu'il se *montre* moins difficile dans les arrangements qui doivent avoir lieu. Le général, informé de la marche de l'armée ennemie, la surprend de grand matin, et avant qu'elle *puisse* se ranger en bataille. Je doute qu'ils *eussent* *réussi* si complétement, si vous ne les eussiez protégés. Soyez sincère et loyal, et de telle sorte que vos parents *puissent* se glorifier de vous avoir pour fils. C'est un homme sincère, loyal, et de telle sorte qu'on *peut* se glorifier de l'avoir pour ami. Combien a-t-il exigé qu'on lui *remît* pour l'indemniser? Je doute qu'alors il *siégeât* dans la chambre des députés, et qu'il *prît* part aux délibérations. Ne pensez-vous pas qu'il *ait reçu* cette lettre hier?

80e LEÇON. — Il convenait alors que vous *requissiez* les autorités locales, et que des perquisitions *eussent lieu*. Vous avez craint, dites-vous, que bien des familles ne se *plaignissent* d'être ainsi soupçonnées, et que des désagréments ne *s'ensuivissent*; mais toutes ces considérations s'effacent devant celles qui voulaient que vous *soutinssiez*, que vous *protégeassiez* les intérêts qui vous sont confiés. Nous voulons, vous ont répété ces messieurs, quelqu'un qui *veuille* nous servir avec dévouement; nous voulons quelqu'un qui ne *voie* point les intérêts des autres, quand la justice exige que les nôtres ne *soient* point froissés. C'est ce qui fit que quoi que vous *dissiez*, quoi que vous *fissiez*, et quelque conduite que vous *tinssiez* ensuite, ils ne purent croire que vous *fussiez* l'homme à qui il convenait qu'ils *donnassent* des pouvoirs étendus, dans la crainte, non pas que vous en *abusassiez*, mais que vous ne *fussiez* pas assez ferme si le cas arrivait qu'il *fallût* montrer de l'énergie. On appelle assiette d'un navire la meilleure situation où *puisse* être un bâtiment sous voile pour bien naviguer. Il exigeait que tout *brillât*, que tout *fût luisant* (1). Tant s'en faut

(1) *Luire* n'ayant pas d'imparfait du subjonctif, remplacez-le par *être luisant*.

que tu *cherchasses* les moyens de l'éviter, qu'au contraire tu paraissais te complaire dans sa société ; je désirerais cependant que tu *sentisses* tout ce qu'il y a de fâcheux pour toi à voir une telle personne, et que tu *susses* ce que l'on pense ici de ses principes. Serait-il donc possible que tu te *complusses* dans sa société? Croirai-je jamais que tes principes *soient* à l'unisson des siens? Pour peu que tu *réfléchisses*, pour peu que tu *prévisses* où une telle connaissance peut t'entraîner, tu t'en éloignerais. Vous semble-t-il que j'*aie* tort? Je doute que seul il *meuve* un tel fardeau.

81e LEÇON. — Les plaisirs ne sont pas assez solides pour qu'on les *approfondisse*. Je les ai repris sur ce point, afin qu'ils *soient* plus attentifs à l'avenir. Il n'y a point d'erreur qui, si elle était rendue clairement, ne *tombât*, ne *pérît* d'elle-même. Que l'on *parlât* avec douceur à cet enfant, ou qu'on le *tînt* à la rigueur, on ne gagnait rien sur lui, et quoi qu'on lui *dît* et que l'on *fît* du reste pour le stimuler : pour peu que ses parents me *témoignassent* le désir de l'avoir près d'eux, je le leur rendrais volontiers. Pensez-vous donc que je *veuille* vous tromper? Comme il n'avait point d'amis, il ne trouva personne sur qui il *pût* compter, ni dont il *eût* lieu d'espérer quelques secours. Le plus grand plaisir que *puisse* procurer la fortune, le plus noble usage qu'on *puisse* en faire, c'est de secourir les malheureux. Il faut que vous le *priiez* de vous *accompagner*. Ne dites rien qui *puisse* attrister ceux qui vous écoutent. Il ne vous écoutera pas, à moins que vous n'*employiez* la douceur. Il était essentiel qu'on *pourvût* à ses besoins. Ce moyen a trop heureusement influé sur ma santé, pour que je *veuille* en adopter un autre. Si pour lui écrire vous attendiez encore, et que vos lettres ne lui *parvinssent* pas, ou qu'elles *éprouvassent* du retard, vous auriez à craindre qu'il ne vous *fît* des reproches, et qu'il ne *donnât* à votre négligence un autre nom. Son erreur était considérable, car il avait ajouté des sommes dont il importait qu'il *fît* soustraction (1).

82e LEÇON. — Tout riche que vous *êtes*, vous serez mécontent de vous-même, si telle personne qui vous semble au-dessous de vous, vous surpasse en mérite. Je désire qu'il *acquière* cette propriété. Nous visitâmes son immense jardin parsemé d'arbres de mille espèces; ce n'était plus ici ce vilain avare qui, craignant que nous ne *cueillissions* des fruits, empêchait que nous ne nous *approchassions* des arbres. Nous lui écrivîmes, afin qu'il nous *fît* savoir comment il entendait régler ce différend. Croyez-vous qu'un honnête homme *veuille* agir ainsi? Je crains qu'il ne *survienne* des événements qui *dérangent* ce projet. Il semble, quand nous sommes heureux, que le temps *fuie* avec précipitation, et qu'il *prenne* plaisir à s'arrêter, lorsque nous avons des peines. Il importe que vous *employiez* votre temps. Des apparences trompeuses n'ont pas empêché qu'il ne *prévît* le dénoûment. Nous ne pourrions vous assurer qu'il *soit* chez lui, mais nous le présumons. Il conviendrait, mon cher fils, que vous *prissiez* mieux vos mesures, et que vous *missiez* plus d'ordre dans vos affaires. Dans votre dernière entreprise, par exemple, il était à craindre qu'il ne *survînt* des accidents qui en *dérangeassent* la marche, en compromettant votre fortune; cependant vous n'avez pris nulle précaution qui vous *garantît*, ou qui vous *assurât* du succès :

(1) *Soustraire* n'ayant pas d'imparfait du subjonctif, il faut le remplacer par *faire soustraction*, et dire ici, *dont il importait qu'il fît soustraction.*

pour peu que vous *prévissiez* où cette légèreté peut vous entraîner, vous vous en corrigeriez.

83e LEÇON. — Les plaisirs innocents sont les seuls qui ne soient pas suivis de quelque amertume. Croyez-vous que ma lettre lui *parvienne*, si je la lui adresse par cette voie? Ne pensez-vous pas qu'elle lui *parvînt* plus sûrement, si je la mettais à la poste? Je doute qu'il *accepte* cette proposition, s'il n'y voit de grands avantages pour lui.—Je ne crois pas qu'il *acceptât* cette offre, s'il ne devait lui en revenir du bénéfice. S'il est vrai qu'on ne *puisse* anéantir le vice, la science de ceux qui gouvernent est de le faire tourner au bien public. Dieu a permis que les irruptions des barbares *renversassent* l'empire romain qui s'était agrandi par toutes sortes d'injustices.

Lorsqu'un bon esprit ne voit pas qu'une pensée *puisse* être utile, il y a lieu de craindre qu'elle ne *soit* fausse. C'est le seul homme que je *connaisse* capable de vous servir. Vous nous avez trop obligés pour que nous l'*oubliions* jamais. Il semble que, pour humilier ceux qui cultivent les sciences, Dieu *ait permis* que les plus belles découvertes *fussent faites* par le hasard, et souvent par ceux qui devaient moins les faire. Cyrus disait qu'on n'était pas digne de commander, à moins qu'on ne *fût* meilleur que ceux à qui l'on commandait. Soit que j'*allasse* ou que je *vinsse*, que je *sortisse* ou que j'*entrasse*, il me suivait. Quoique vous *demeurassiez* près de chez lui, il n'était guère possible que vous *connussiez* toutes ses démarches.

Exercices sur le PARTICIPE PRÉSENT.

84e LEÇON. — Le participe présent, avons-nous dit, est invariable et se termine par les lettres *ant*. Mais il ne faut pas confondre avec le participe présent quelques adjectifs terminés par *ant*, et susceptibles de prendre le genre et le nombre. Voyez les règles de cette espèce de mot au n° 255. Ces enfants, tremblant d'être pris, se cachèrent ; ils rentrèrent tout tremblants. Ces récits, intéressants pour tout le monde, l'étaient bien davantage pour nous. Ces récits, intéressant tout le monde, empêchèrent qu'on ne parlât de politique. Ces enfants nous intéressant par leur figure, nous les interrogeâmes, et nous nous convainquîmes bientôt qu'ils n'étaient pas moins intéressants par leur esprit. Combien de tableaux affligeants se présentèrent à notre vue : ici des hommes s'entr'égorgeant, là des soldats expirant dans les douleurs les plus aiguës, plus loin, des malheureux poussant des cris déchirants. D'autres scènes nous attendaient sur le lieu de l'action : c'étaient des cavaliers sabrant et dispersant l'infanterie, des soldats obligeant des officiers ennemis à se rendre, des artilleurs traînant les pièces dont ils venaient de s'emparer, une foule d'hommes enfin s'attaquant, se déchirant, se donnant la mort. Les hommes de génie, se survivant à eux-mêmes, et agissant toujours par leurs écrits, pressent leur immortalité, et jouissent d'avance de tout le bien qu'ils doivent faire dans l'avenir. Vos amis, engageant tout le monde à ne pas répondre à cette impolitesse, empêchèrent que des débats affligeants ne *troublassent* la réunion.

Je vois ces murs sanglants, ces portes embrasées,
Sous ces lambris fumants, des femmes écrasées.

La plupart des hommes sont peu persévérants. Les habitants des côtes sur lesquelles nous fîmes naufrage, compatissant à nos malheurs, nous apportèrent de la nourriture et des vêtements; ce seul fait prouve qu'ils sont bons et compatissants.

85e LEÇON. — Nous trouvâmes vos enfants brillants de santé, jouant, dansant et s'amusant avec leurs condisciples. Dans leur chasse au lion les Arabes prennent quelquefois des lionceaux vivants. On voit, dans la ménagerie royale, plusieurs lions vivants. Les lions, se retirant et vivant le plus souvent dans les déserts, on ne comprend pas comment ils peuvent s'y nourrir. Leurs yeux étincelants annonçaient la vengeance; et bientôt, saisissant leurs armes et ne se connaissant plus, ils passèrent des propos menaçants à des voies de fait terribles. Tous les corps célestes circulant autour du soleil paraissent avoir été mis en mouvement par une impulsion commune. Calypso aperçut un gouvernail, des cordages, des mâts, flottant *ou* flottants sur les ondes. Les Juifs apprirent la langue chaldaïque, fort approchante de la leur.

Songe aux cris des vainqueurs, songe aux cris des mourants,
Dans la flamme étouffés, sous le fer expirant.

Il y a dans la langue française une foule de mots fort approchants des termes latins. Les principes religieux occupant ou exaltant l'imagination et élevant l'âme, préservent de l'abattement; ils sont encore plus que suffisants pour remplacer les affections que la religion réprouve. Les hommes pesants sont les plus opiniâtres. Ces marchands, pesant les marchandises qu'ils achètent, ne sauraient être trompés sur le poids. Cet élève a fait des progrès surprenants. Les hommes trop confiants sont souvent dupes. Quelquefois on soutient des revers éclatants, mais comment supporter le mépris de ceux que l'on méprise? Ces désordres éclatant tout à coup, les affaires en furent suspendues.

86e LEÇON. — Rien ne décèle un mauvais cœur comme de prendre plaisir à faire souffrir des êtres vivants. Les dieux ont pitié des misères qui accablent les hommes vivant dans le monde. On nous peint les castors vivant en société et dans un ordre parfait, les uns commandant, les autres obéissant, et tous travaillant pour le bien commun.

> Figure-toi Pyrrhus, les yeux étincelants,
> Entrant à la lueur de nos palais brûlant.

Les inégalités du caractère influent sur l'esprit : les hommes sont pénétrants ou pesants, selon leur humeur. Plusieurs témoins ont révélé des faits accablants pour l'accusé. Ces faits accablant l'accusé, il demanda à faire des aveux. Ces messieurs, pénétrant les intentions de leur adversaire, et imitant ses rigueurs, se montrèrent eux-mêmes exigeants, menaçants. Ce qui nous rend changeants dans nos amitiés, c'est qu'il est difficile de connaître les qualités de l'âme, et facile de connaître celles de l'esprit. La gaieté nous rend hardis et confiants. Ses devoirs gênant ses plaisirs, il s'en affranchit peu à peu. Votre place vous assujettit à des devoirs gênants.

> Si des beaux jours naissants on chérit les prémices,
> Les beaux jours expirants ont aussi leurs délices.

Les orages de la jeunesse sont environnés de jours brillants. Il n'y a point de mots exactement synonymes, mais beaucoup d'approchants. Ils nous parurent plus brillants encore par leur mérite personnel que par l'éclat de leur nom. Les cœurs souffrants s'affectent de mille nuances. Combien l'histoire n'offre-t-elle pas de tableaux déchirants dans les plus beaux jours d'Athènes et de Rome!

Exercices sur le PARTICIPE PASSÉ.

87e LEÇON. — Pour faire l'application des règles des participes passés, il faut que vous connaissiez parfaitement trois choses ; le *sujet*, le *régime* et les *verbes par leur espèce*. Je vous préviens que j'écrirai dans ces exercices tous les participes au masculin singulier, afin de vous ménager le mérite de les écrire suivant les règles. Repoussés et battus de toutes parts, les ennemis demeurèrent convaincus de leur infériorité, et ne parurent plus disposés à en venir aux mains avec une armée aguerrie et depuis longtemps redoutée. Ces peuples, autrefois craints et respectés de leurs voisins, instruits dans toutes les sciences, estimés des nations éloignées, n'ont plus la réputation méritée dont ils jouissaient alors : accoutumés à la mollesse, nourris dans l'oisiveté, découragés, abattus, ils traînent une vie qui leur est à charge à eux-mêmes. Ces dames, attendries sur le sort des malheureux qu'elles ont rencontrés, et sincèrement affligées de ne pouvoir les secourir aussitôt, leur ont parlé avec bonté, et les ont engagés à venir chez elles. D'abord elles leur ont donné les choses de première nécessité, et leur ont inspiré le goût du travail. Bientôt ces malheureux que la misère avait abattus, ayant repris courage, sont sortis pour jamais de la situation affreuse où ils étaient tombés. Mes cousins m'ont envoyé des fruits que j'ai trouvés délicieux; je les en ai remerciés dans la lettre que je leur ai adressée hier. J'ai vu ces dames, et leur ai demandé des nouvelles de leur voyage. Elles m'ont raconté les fatigues qu'elles ont essuyées, et les plaisirs qu'elles ont eus à parcourir les belles contrées qu'elles ont vues. Que de connaissances elles ont acquises en peu de temps! Que d'observations elles ont faites, et quelle belle description elles m'ont donnée des sites qui ont le plus frappé leur imagination! Rien, je crois, n'a échappé à leur attention.

88e LEÇON. — Heureux ceux qu'une bonne éducation a éclairés, que le travail a soutenus, et qu'une longue habitude du bien a assez affermis, pour qu'ils résistent à l'empire des passions. Nous avons enfin obtenu la permission que nous avons demandée; mais nous la devons au zèle que nos amis ont apporté à nous servir, aux démarches qu'ils ont faites, aux peines qu'ils se sont données pour réunir tout ce qui pouvait convaincre le ministre qui la leur a accordée. Cette demoiselle a toujours surmonté les difficultés qu'elle a rencontrées. Il en est qui l'ont embarrassée, qui l'ont arrêtée, mais elle a fini par les vaincre, et l'habitude qu'elle a prise de redoubler d'efforts et d'attention dans tout ce qui lui paraît obscur, l'a rendue maîtresse de tout ce qu'elle a vu jusqu'à présent. Les fruits que je vous ai envoyés, je les ai cueillis sur des arbres que nous avons plantés ensemble, il y a quelques années : je suis persuadé qu'ils vous auront paru peu dignes de vous; mais sans cette circonstance, je ne vous les aurais point offerts. Tous les efforts que j'avais faits jusqu'alors pour vaincre les difficultés que j'ai rencontrées, étaient devenus inutiles; mais au moyen de l'ordre que j'ai établi et de l'attention que j'ai apportée dans mes études, tous les obstacles ont disparu. J'ai reçu, ma chère fille, la lettre que vous m'avez adressée; j'y ai remarqué quelques fautes semblables à celles que je vous ai déjà reprochées, et qui m'ont ôté la satisfaction que j'aurais eue à la communiquer à beaucoup de personnes qui m'ont demandé de vos nouvelles; efforcez-vous de plus en plus de vous rendre digne de la bonne opinion qu'on a conçue de vous : les progrès que vous avez faits l'an dernier vous ont mérité l'intérêt de tous ceux qui vous ont vue dans votre enfance; et les prix qui vous ont été accordés vous ont pour ainsi dire imposé l'obligation d'en obtenir de nouveaux.

89e LEÇON. — Les hommes n'ont guère réussi que dans les petites choses. La nature s'est réservé le secret des grandes, et ne souffre pas que ses lois soient anéanties par les nôtres. Alexandre a subjugué toutes les nations auxquelles il a fait la guerre, tous les peuples qu'il a attaqués, et a gagné toutes les batailles qu'il a livrées. Il avait poussé ses conquêtes si loin, que ses soldats, effrayés de le voir malade, craignaient, s'il venait à mourir, qu'il ne leur fût plus permis de retourner dans un pays d'où ils étaient sortis depuis si longtemps, de revoir une patrie qu'ils avaient quittée depuis tant d'années. Des trois lettres que j'ai écrites à ma tante, la première seulement lui est parvenue; cependant j'ai reçu les siennes exactement. Il me reste donc à lui dire toutes les peines qui nous sont survenues, les chagrins qui nous ont accablés, les malheurs que la famille a éprouvés dans la perte de son chef. Oh! combien cette chère tante sera désolée! l'amitié qu'elle a eue pour son frère, les attentions et les soins que ce frère a eus pour elle, l'harmonie qui a toujours régné entre eux, tout ne me persuade que trop qu'elle partagera les douleurs que nous avons ressenties. Vos parentes sont désolées des peines que vous avez souffertes et des privations que vous avez endurées à cause d'elles. Si elles avaient prévu que cette traversée fût si pénible, non-seulement elles n'auraient point consenti à votre départ, mais encore elles s'y seraient opposées. Elles se sont bien promis de ne plus s'exposer à l'avenir à des chances qui les ont tant inquiétées, qui leur ont donné tant de chagrin.

90e LEÇON. — C'est à force de politesse que la langue française est parvenue à faire disparaître les traces de son ancienne barbarie : une foule de lettres qu'on a retranchées dans la prononciation, mais qu'on a conservées en écrivant, sont nos anciens habits de sauvages. C'est quand nos mœurs se sont adoucies, que la langue aussi est devenue plus douce ; avant François Ier, elle était agreste comme nous. Ces fleuves coulant avec rapidité se sont creusé un lit profond. Dans sa maladie, non-seulement cette dame a perdu sa fraîcheur, mais encore ses forces se sont affaiblies, son front s'est sillonné, et ses joues se sont creusées. Ces auteurs se sont longtemps creusé le cerveau pour faire une tragédie qui a été sifflée, et une comédie qui n'a pas complétement réussi : aussi se sont-ils abstenus de traiter d'autres sujets qu'ils s'étaient choisis. Les propriétés que vous avez acquises en ce pays vous ont coûté des sommes considérables qui vous eussent donné de plus grands revenus, si vous les eussiez placées sur l'État. Ces objets nous ont convenu, et nous les avons achetés aussitôt, mais nous les avons payés cher. Nous nous en sommes rapportés à la bonne foi du marchand, et nous avons été trompés : cet exemple nous a instruits pour l'avenir. De combien d'éloges n'a-t-on pas comblé ces enfants ! Combien de louanges ne leur a-t-on pas données pour l'application qu'ils ont mise à leurs devoirs ! Les prix qu'ils ont gagnés, les couronnes qu'ils ont obtenues les ont rendus chers à tous ceux qui les connaissent ; partout ils ont été fêtés. Romulus et Rémus, dit-on, furent allaités par une louve. J'ai vu des mortels fort au-dessous de nous, j'en ai vu de fort supérieurs; mais je n'en ai vu aucun qui n'eût plus de désirs que de vrais besoins.

91e LEÇON. — Il est sorti des Gaules, en différents temps, des armées de cent et même de deux cent mille hommes. Les unes ont formé des colonies permanentes, les autres ont disparu comme des torrents qui se perdent dans les précipices qu'ils se sont creusés. Quoique ces voyageurs fussent partis après nous, ils nous avaient devancés; mais, fatigués par les nuits qu'ils avaient passées sans dormir, ils se sont vus forcés de s'arrêter, et nous les avons rejoints. Ils ont quitté leur voiture, et sont montés dans la nôtre; nous avons eu lieu de nous en féliciter. Comme ils ont beaucoup voyagé, qu'ils ont parcouru l'ancien et le nouveau monde, et qu'ils ont demeuré assez longtemps chez les peuples qu'ils ont visités pour en connaître les mœurs et les usages, nous nous sommes beaucoup instruits par leur conversation. Ils nous ont entretenus tour à tour, et nous ont également intéressés. Ces demoiselles se sont d'abord attiré l'amitié de tous ceux qui les ont connues, et l'ont conservée pendant plusieurs années; mais elles l'ont perdue pour un moment par la conduite qu'elles ont tenue à l'égard de leurs tantes qui les ont toujours chéries, qui les ont regardées et traitées comme si elles avaient été leurs propres filles. Homère est un des plus grands génies qui aient jamais existé. Ces quatre enfants se sont approchés, puis se sont dit des injures, et ont fini par se battre; deux d'entre eux se sont déchirés, c'est-à-dire se sont fait des blessures; les deux autres se sont seulement repoussés, et ne se sont déchiré que leurs vêtements. A la fin pourtant ils se sont raccommodés, et se sont séparés en bonne intelligence.

92e LEÇON. — Tous les conquérants ont fait des lois; les philosophes aussi en ont fait, et ces derniers se sont souvent montrés plus sages que les premiers. Je n'avais point encore remercié vos oncles des peines qu'ils se sont données pour moi; dans la lettre que je leur ai écrite hier à ce sujet, je leur ai parlé de la résolution que vous aviez prise d'aller les voir à la nouvelle terre qu'ils ont achetée depuis peu, et où ils se sont transportés il y a quelques jours. Tous ces objets s'étaient égarés pour un instant, mais ils se sont retrouvés; déjà on avait accusé quelques personnes de les avoir soustraits, et on a reconnu les torts qu'on avait eus de faire peser sur ces innocents une accusation dont ils n'auraient pas manqué d'être indignés, et qui aurait tourné au désavantage des accusateurs. Les arts se sont perfectionnés, parce que les artistes, à quelque pays qu'ils aient appartenu, dans quelque siècle qu'ils aient vécu, se sont tous proposé le même objet. Ce n'est qu'aux froids excessifs qu'il a fait, aux mauvais temps qu'il y a eu, aux pluies et aux orages qui se sont succédé, que ces messieurs doivent attribuer le retard qu'ils ont éprouvé relativement aux deux caisses que nous leur avons adressées. Elles avaient été expédiées assez tôt pour qu'elles arrivassent à l'époque désignée. Nous serions désireux d'apprendre le jour fixe où elles sont parvenues, et dans quel état on les a trouvées. Pour l'ordinaire, on se persuade mieux par les raisons qu'on a trouvées soi-même, que par celles qui sont venues dans l'esprit des autres. Il n'est que trop vrai qu'il y a eu des anthropophages, nous en avons trouvé en Amérique.

93e LEÇON. — Nous avons presque oublié les noms des premiers conquérants qui jetèrent dans les Gaules les premiers fondements de la monarchie française; ils sont plus connus par les fables que par les histoires; ils sont demeurés comme ensevelis dans les fondements de l'empire qu'ils ont élevé. Ma mère est sortie ce matin pour rendre visite à une amie qu'elle n'avait pas vue depuis près de vingt ans; plus heureuse que les jours précédents, elle l'a trouvée chez elle, et l'a embrassée, sans que celle-ci l'ait reconnue. Elle est rentrée toute satisfaite, toute joyeuse; déjà elle a senti que la correspondance qu'elle avait entretenue depuis son départ avec cette amie ne suffisait plus à son amitié; elle a éprouvé le besoin de lui dire ce qui lui est arrivé depuis leur séparation, et d'être informée de ce qu'elle n'a pu apprendre par ses lettres. Votre frère est un des élèves qu'on a interrogés, et un de ceux qu'on a félicités. Votre maison de campagne est une des mieux situées que j'aie vues; elle me rappelle cette jolie habitation où je me suis arrêté, et dont j'ai parcouru les délicieux jardins. Cette affaire s'est terminée plus heureusement qu'on ne s'y attendait; mais que de démarches n'avez-vous pas faites, que de peines ne vous êtes-vous pas données pour rapprocher ces deux hommes! S'ils se fussent mieux entendus, s'ils ne s'étaient pas obstinés, ou plutôt s'ils vous eussent écouté, leurs intérêts en auraient moins souffert, ils y auraient gagné l'un et l'autre. Tels hommes ont passé une longue vie à se défendre des uns et à nuire aux autres; ils sont morts consumés de vieillesse, après avoir causé autant de maux qu'ils en avaient souffert.

94e LEÇON. — Heureux ceux qui sont nés modestes, et que la nature a remplis d'une sage et noble confiance. Après avoir marché quatre heures, et se sentant fatigués, ces jeunes gens se sont arrêtés à la première auberge qu'ils ont rencontrée, et y ont déjeuné. Bientôt après ils sont repartis et ont continué leur route. Combien d'hommes retombent dans les fautes qu'ils avaient résolu d'éviter! Les remarques savantes de cet auteur n'ont pas peu contribué aux développements que cette science a reçus, aux progrès qu'elle a faits; il a surpassé de beaucoup tous ceux qui ont écrit sur cette matière, et l'on peut dire que ceux qui lui ont succédé n'ont eu qu'à suivre la marche qu'il leur a ouverte, la route qu'il leur a indiquée. L'art de régner n'a été cultivé que par ceux que la fortune en a chargés. Il est survenu des événements qui ont contrarié nos résolutions, et qui ont même nui à nos intérêts : la différence qu'il y a eu dans le résultat est immense en comparaison de ce que nous avions espéré : d'une part, la concurrence qu'il y a eu a grandement influé sur le prix des marchandises dont les cours, à la vérité très-variés, se trouvent néanmoins inférieurs à ceux que nous avions supposés; d'un autre côté, les mauvais temps qu'il a fait ont un peu altéré la qualité. Enfin il ne fallait rien de moins que l'affaire qui s'est présentée et que j'ai saisie, pour réparer les pertes que nous aurait causées une telle spéculation.

95e LEÇON. — Les diverses choses qui composent l'univers n'ont pas été créées par un aveugle hasard, c'est l'œuvre de la puissance qui nous a formés nous-mêmes. Les livres que je croyais avoir perdus se sont retrouvés. Combien n'est-il pas arrivé d'événements dans le cours des vingt-cinq ans qui se sont écoulés depuis le commencement de la révolution française. A la demande qu'on leur a adressée, ils se sont tus, et se sont écriés un instant après que c'était à tort qu'on les avait arrêtés; mais les agents de police s'en sont emparés, les ont conduits à la préfecture où ils sont restés quelque temps, après quoi on les a interrogés de nouveau. Mais ils se sont abstenus de répondre; et quoique les jours suivants les magistrats se soient efforcés de leur arracher quelques mots, ces accusés ont persisté dans leur silence, et ont pour ainsi dire prouvé qu'ils s'étaient rendus coupables. Il n'en a pas été de même de ces deux jeunes gens qui avaient été arrêtés le même jour; ils se sont présentés avec assurance, et se sont empressés de faire connaître la vérité : par les réponses qu'ils ont données, par les faits qu'ils ont cités, on a reconnu leur innocence, et on les a mis aussitôt en liberté. On ferait un gros livre des maux qu'ont causés les étrangers aux nations qu'ils ont gouvernées; on en ferait un plus gros encore des sages établissements qu'ils y ont faits.

96e LEÇON. — Henri VIII était un des plus grands fléaux qu'ait éprouvés la terre. Ces jeunes gens se sont repentis d'avoir manqué à leur devoir, ils se sont même attendris, lorsqu'ils se sont souvenus avec quelle douceur on les y avait rappelés la première fois qu'ils s'en étaient écartés. Ils se sont efforcés, par une application qui ne s'est pas démentie, de dissiper la mauvaise opinion qu'a donnée d'eux leur inconséquence. Les peines et les tourments qu'ont éprouvés ces messieurs leur ont causé une tristesse que je n'ai rencontrée que dans les personnes qui ont beaucoup souffert, et qui ne se trouvent point encore dans une position heureuse. Les dames que nous avons entendues parler se sont exprimées avec une facilité dont tout le monde a été frappé; aussi les avons-nous entendu louer par toutes les personnes qui les avaient écoutées. Mais quelle a été notre satisfaction quand nous les avons entendues chanter! Des murmures d'applaudissements se sont fait entendre dans toute la salle : ce talent ne leur a point inspiré d'orgueil, car nous les avons vues se dérober aux éloges qu'on a voulu leur faire. L'esprit arrange les choses que le génie a créées. On n'a jamais lieu de regretter le temps ni les sacrifices que l'éducation a coûtés. Les liqueurs que je vous ai vu transvaser ne sont pas claires. Je les avais vus naître, ces enfants, je les avais vu élever, mais, hélas! je les ai vus mourir! Que de larmes n'ai-je pas vu verser à leur famille! Que de chagrin surtout n'en a pas eu leur mère! On est plus gêné avec ceux qu'on a cessé d'aimer qu'avec ceux qu'on n'avait jamais vus.

97e LEÇON. — L'Espérance est la seule divinité qui soit restée parmi les humains, les autres nous ont abandonnés et sont montées vers l'Olympe. La Bonne Foi, la plus grande des immortelles, nous a délaissés; la Tempérance s'est retirée avec elle; les Grâces ont fui loin de la terre. Les médecins qui ont traité ces infortunés ont employé tous les moyens qu'ils ont pu; mais l'habileté qu'ils ont eu si souvent l'occasion de déployer, est devenue inutile dans cette maladie, où toute la force du mal, qu'ils avaient cherché à paralyser par des remèdes doux et ordinairement efficaces, s'est accrue avec une effroyable rapidité. Nous avions vu semer ces blés, nous les avions vus croître, et nous les avons vu détruire en un moment par la grêle qui est tombée. Les dames que j'ai vues sortir de l'église m'ont paru être vos sœurs. L'affaire que vous m'avez conseillé d'entreprendre m'a été avantageuse; sans vous elle m'aurait échappé; je ne puis donc vous remercier assez des conseils que vous avez bien voulu me donner. Votre ami a fait toutes les démarches qu'il a dû, il a employé tous les moyens qu'il a pu, pour faire réussir cette entreprise, mais ses efforts n'ont pas été couronnés. Les pluies qu'il a fait, les mauvais temps qu'il y a eu, ont occasionné des maladies sérieuses auxquelles ont succombé diverses personnes de nos connaissances. Adam et Ève, que Dieu avait créés innocents, se rendirent coupables pour s'être laissés aller aux promesses du démon. Les cinq heures que nous avons dormi ont suffi pour nous remettre des fatigues qui nous avaient accablés.

98e LEÇON. — Les troupes de Charles VII n'auraient peut-être pas empêché la prise d'Orléans, si elles ne se fussent laissé conduire par une jeune fille. Ma sœur m'a envoyé un panier de pêches ; j'en ai mangé quelques-unes que j'ai trouvées délicieuses. Mais le commissionnaire qui me les a apportées, les ayant laissées tomber, elles me sont parvenues la plupart meurtries. Les devoirs que j'aurais désiré que vous fissiez, mon cher ami, vous ne les avez pas faits ; ils auraient cependant beaucoup contribué à vos progrès. Vous n'avez même pas lu les ouvrages que je vous avais tant recommandé de lire, et cependant j'ai eu pour vous beaucoup de complaisance : avez-vous désiré des livres, je vous en ai acheté ; m'avez-vous demandé des maîtres d'agrément, je vous en ai donné ; citez-moi une faveur que je ne vous aie accordée, une demande à laquelle je n'aie obtempéré. Convenez que vous vous êtes montré peu digne des bontés que j'ai eues pour vous, et ne croyez pas que je sois dupe des excuses que vous avez cherché à justifier, et des détours que vous avez su prendre pour ne pas encourir des reproches que vous saviez avoir bien mérités. Je vois qu'il faut que vous renonciez aux mathématiques, que j'aurais désiré que vous apprissiez. Votre santé, autrefois un peu dérangée, vous a fourni des moyens de vous excuser, que nous avons reçus alors, parce qu'ils étaient justes ; mais depuis longtemps ces indispositions ont disparu, et ce ne sont plus que de faux prétextes que vous n'avez cessé de reproduire pour voiler votre insouciance.

99e LEÇON. — La Providence s'est quelquefois

servie des femmes pour exécuter ses desseins; mais en général il semble qu'elle les ait destinées pour des choses moins sérieuses. Les livres que vous m'avez demandés, je les ai envoyé chercher aussitôt chez le libraire; je vous les aurais fait remettre plus tôt, sans la maladresse qu'a faite la personne qui est allée les prendre. La domestique que j'ai envoyée chercher ces objets, les a apportés en mauvais état. La vertu timide est souvent opprimée, et la vertu obscure souvent méprisée. Pourquoi les avez-vous détournés de leurs desseins? pourquoi ne les avez-vous pas laissés exécuter leurs projets? Les années que ces messieurs ont vécu dans le nord de l'Europe, leur ont révélé les agréments des climats plus doux. Nous avons employé tous les moyens que nous avons pu pour désabuser votre oncle, mais il ne nous a point écoutés. Les jeunes gens que vous avez vu marier dernièrement, je les ai vus naître, je les ai vus grandir, je les ai vu élever, je les ai entendu gronder souvent par leur père; je les ai vus travailler, quelquefois je les ai vus demander grâce à leurs maîtres, que je n'ai cessé de blâmer des moyens rigoureux qu'ils employaient à l'égard de ces jeunes gens. Grand Dieu! vous me les aviez donnés, puis vous me les avez ôtés, les biens que je possédais, eh bien! que votre nom soit béni. Les vents ont soufflé avec violence, les portes se sont ouvertes aussitôt, et quelques carreaux se sont cassés. Les fruits que nous avons vu cueillir ne nous ont pas paru bien mûrs. Je ne regrette pas les sommes que ces livres m'ont coûté, car ils m'ont souvent servi de délassement.

100e LEÇON. — Que d'hommes ont été tourmentés jusqu'au tombeau de la soif des richesses qu'ils ont laissée s'allumer en eux. Par l'éducation que vous leur avez fait donner, ces jeunes gens se sont élevés au-dessus de la condition où leur naissance les avait placés, et ils s'y sont toujours maintenus avec honneur. Je les ai vues vos sœurs, je les ai rencontrées ces dames, je les ai questionnés ces messieurs, mais ils ne m'ont rien dit de ce que vous m'avez raconté au sujet des personnes que nous avons vues partir hier. Racine est un des plus grands poëtes que nous ayons eus. Le Télémaque est un des livres les mieux écrits que j'aie lus. A cette époque, il s'est passé bien des injustices, il est arrivé bien des événements malheureux, si nous en croyons cet auteur. Ils avaient d'abord élevé la voix, mais à l'aspect grave de leurs adversaires, ils se sont adoucis, et bientôt même ils se sont tus. Triomphez, hommes lâches et cruels, votre victoire est plus grande que vous ne l'aviez cru. Ces personnes s'en sont allées fort mécontentes de la manière peu polie avec laquelle on les a reçues. Nous avons souffert nous-mêmes du peu d'égards qu'on leur a manifesté, du peu d'attention qu'on a eu pour elles. Que de peines cette entreprise m'a coûtées; que de risques j'ai courus avec quelques-uns de mes associés qui sont devenus presque insolvables! Ces acteurs sont courus, parce qu'on leur a reconnu de véritables talents, parce qu'ils ont adopté un genre original et vrai qui a plu à tous ceux qui les ont vus. Cependant quelques hommes, que la malignité ou peut-être la jalousie a indisposés, se sont d'abord plu à les critiquer; mais le vrai talent de ces acteurs les ayant confondus, ils ont été forcés de garder le silence, et en effet ils se sont tus.

101e LEÇON. — Les hommes qui ont le plus vécu ne sont pas ceux qui ont le plus joui de ce qu'on appelle les plaisirs, mais ceux qui s'en sont le plus abstenus. Ces enfants se sont longtemps complu dans la paresse, et seraient restés ignorants, si on ne les eût fortement stimulés. Votre fils n'a pas su conserver les livres que je lui avais donnés; il les a laissés tomber dans l'eau, et ils se sont trouvés gâtés. Ces jeunes gens ne se sont point corrigés de leur insouciance, ils n'ont point encore senti l'importance de l'instruction; nous leur avons cependant fait à cet égard toutes les remontrances que nous avons pu. Pour les encourager, nous leur avons accordé tout ce qu'ils nous ont demandé, tous les plaisirs qu'ils ont voulu. Ils se sont néanmoins laissé entraîner par leur penchant, ils se sont laissés aller à la paresse. Les motifs d'intérêt ont divisé plus de familles que les sentiments d'affection n'en ont maintenu dans l'union. Cette petite ville est beaucoup plus intéressante que nous ne nous l'étions figuré; aussi n'en sommes-nous sortis qu'après l'avoir entièrement parcourue. Nous les avons laissés terminer leur travail, après quoi nous les avons emmenés. Ces enfants n'ont point encore ouvert les livres que nous leur avons donnés à lire, et ne se sont nullement occupés des cahiers qu'ils ont eus à copier. Voltaire a composé plus de volumes que certains littérateurs n'en ont lu. Les dangers que ces voyageurs ont courus, les malheurs qui leur sont arrivés, les chagrins qu'une si longue absence leur a causés, ont influé sur la gaieté que nous avions toujours remarquée en eux. Ils s'étaient plu jusqu'alors à fréquenter la bonne société, et à en partager les amusements; mais ils se sont retirés du monde, et se sont imposé des limites qu'ils n'ont point franchies.

102ᵉ LEÇON. — Les grands hommes appartiennent moins au pays qui les a vus naître et qui jouit de leur talent, qu'au siècle qui les a formés. Dès leur première entrevue, ces jeunes gens se sont convenu, et se sont juré une amitié qu'ils n'ont jamais violée. Ils se sont aidés dans les difficultés qu'ils ont eues à surmonter, dans les questions qu'on leur a données à résoudre; ils se sont stimulés l'un l'autre; et le bon accord qu'ils ont laissé voir dans le cours des quatre années qu'ils ont passées à étudier, leur a mérité l'estime et l'attachement de leurs professeurs. Le peu d'indulgence qu'il a montré dans cette circonstance lui a attiré la haine des personnes mêmes de qui il était estimé; son frère, au contraire, s'est attaché tous les cœurs par le peu de complaisance qu'il a eue pour ces infortunés. Le peu d'assiduité que vous avez apporté à vos devoirs me force à vous faire des reproches. N'auriez-vous pas dû être encouragé par l'exemple de vos cousins, qui ont si sincèrement regretté le peu de récréation qu'on a voulu leur donner. Je suis encore fort mécontent du peu d'attention que vous avez apporté à faire votre lettre; elle m'est arrivée pleine de fautes, et je suis persuadé que vous ne l'avez pas lue après l'avoir écrite. Comme nous nous sommes abstenus de répondre aux propos outrageants qu'ils nous ont adressés, ils se sont repentis de nous avoir attaqués. La multitude de curieux que nous avons rencontrée s'est portée dans la plaine, où se trouvaient une multitude de jeux qu'on avait établis pour y attirer la foule. Ces messieurs sont plus instruits que je ne l'avais cru, et beaucoup plus aimables qu'on ne me l'avait dit. Cette affaire s'est terminée comme vous l'aviez prévu, comme vous l'aviez annoncé. Ces personnes se sont arrogé des droits que leurs fonctions ne leur accordent point, aussi en ont-elles été vivement réprimandées.

*Exercices sur l'*ADVERBE, *la* PRÉPOSITION, *la* CONJONCTION *et l'*INTERJECTION.

103ᵉ LEÇON. — La mort nous attend tous, les uns un peu plus tôt, les autres un peu plus tard.

On ne souhaite jamais ardemment ce qu'on ne souhaite que par raison.

L'Assomption arrive invariablement le 15 août *ou* le 15 d'août.

Il ne réussit pas à cette étude, quoiqu'il s'y livre ardemment. Il réussit toujours à quoi qu'il se livre, à quoi qu'il fasse.

La droiture du cœur, la vérité, l'empire sur les passions, l'innocence et la règle des mœurs, voilà en quoi consistent la gloire et la grandeur.

Celui qui se fie plus en ses lumières qu'en celles des autres, est souvent un homme vain.

On n'est pas digne de soutenir la justice et la vérité quand on peut aimer quelque chose plus qu'elles.

Elles ont ingénument répondu aux questions qu'on leur a posées.

La cavalerie contribua puissamment aux avantages de cette glorieuse journée.

Tout homme qui nuit à la réputation d'un autre plutôt que de sacrifier un bon mot, mérite une peine infamante.

Je puis vous céder tout de suite mon appartement. Veuillez me répondre tout de suite.

Je trouve que vos plaintes sont déplacées, quand, à vrai dire, quand, à franchement parler, vous avez plus de torts que qui que ce soit.

Les bergers marchent devant *ou* avant le troupeau.

104ᵉ LEÇON. — Les faveurs de la fortune sont comme les charmes de la figure, on ne les conserve pas longtemps.

Il a savamment discouru sur ce point.

Il se répand autour des trônes certaines terreurs qui empêchent de parler aux rois avec liberté.

Je demeurais alors auprès *ou* près des remparts.

Lequel de votre fils ou du mien est le plus avancé ?

Ils n'ont point réussi parce qu'ils sont négligents.

Cet événement eut lieu le 5 mars *ou* le 5 de mars.

Nous jugeons plus souvent des choses par ce que nous entendons dire, que par ce qu'elles sont effectivement.

Si vous étiez arrivé un quart d'heure plus tôt, vous l'eussiez rencontré ici.

Le mauvais exemple nuit plus à la santé de l'âme, que l'air contagieux à la santé du corps.

L'État, quand il a des besoins, est le premier pauvre.

Quelque temps avant que l'entreprise de l'empereur Henri *éclatât*, les comtes d'Anjou et de Montfort avaient fait leur paix avec le roi d'Angleterre.

J'ignorais les événements qui se passaient autour de moi. — Je partirai incessamment.

C'est une vertu de supporter patiemment les injures de ceux qu'on ne craint pas.

Je ne puis, quant à présent, vous donner aucune information sur ce fait.

Il aurait voulu qu'on le *remerciât*, quand, à vrai dire, c'est lui qui est l'obligé.

FIN.

Paris. — Imprimerie de Ch. Lahure, rue de Fleurus, 9.

www.ingramcontent.com/pod-product-compliance
Ingram Content Group UK Ltd.
Pitfield, Milton Keynes, MK11 3LW, UK
UKHW021225230726
13926UKWH00003B/1253